Joscha Remus

Berlin

MIKROABENTEUER

ZUM ENTDECKEN UND GENIESSEN

360°medien

IMPRESSUM
Berlin
50 MIKROABENTEUER ZUM ENTDECKEN UND GENIESSEN
Joscha Remus

© 2021 360° medien
Nachtigallenweg 1 | 40822 Mettmann
www.360grad-medien.de

Das Werk ist in allen seinen Teilen urheberrechtlich geschützt. Jede Verwertung außerhalb der engen Grenzen des Urheberrechtsgesetzes ist ohne Zustimmung des Verlags unzulässig. Dies gilt insbesondere für Vervielfältigungen, Übersetzungen, Mikroverfilmungen und die Einspeicherung sowie Verarbeitung in elektronischen Systemen.

Der Inhalt des Werkes wurde sorgfältig recherchiert, ist jedoch teilweise der Subjektivität unterworfen und bleibt ohne Gewähr für Richtigkeit, Vollständigkeit und Aktualität.

Redaktion und Lektorat: Christine Walter

Satz und Layout: Serpil Sevim-Haase

Gedruckt und gebunden:
Lensing Druck GmbH & Co. KG | Feldbachacker 16 | 44149 Dortmund
www.lensingdruck.de

Bildnachweis: siehe Seite 256

ISBN: 978-3-96855-073-2
Hergestellt in Deutschland

www.360grad-medien.de

Joscha Remus

Berlin

50
MIKROABENTEUER

ZUM ENTDECKEN UND GENIESSEN

360° medien

Vorwort

Berlin kennt mich nun schon seit über vierzig Jahren. Und alle Geschichten, die mir diese meine Stadt in der Erinnerung erzählt, muten heute an wie aus uralter Zeit. Geschichten von Durchsteckschlüsseln, alten Kachelöfen und Kohlehändlern. Von wegen „Berlin ist dufte". Über der Stadt lag in den 1970ern ein beständiger Dunst aus Ruß und Staub und die inoffizielle Stadthymne „Berliner Luft" mutete schon damals an wie beißender Spott. Die Erinnerungen erzählen mir Geschichten von quietschenden S-Bahnen, in denen noch Holzbänke standen, von Zeiten, als der Reichstag noch ohne Kuppel war und die Oberbaumbrücke noch ohne Türmchen. Westberlin, eine Insel, von einer Mauer umgeben. David Bowie erfuhr damals von Busfahrern, was Berliner Schnauze bedeutet und behauptete trotzdem, Berlin sei die größte kulturelle Extravaganz gewesen, die man sich vorstellen kann. Neben Bowie gingen auch Patricia Highsmith, die Rolling Stones und Freddie Mercury nachts ins Cabaret Chez Romy Haag, um zu feiern. Für mich waren die 1980er-Jahre eine Zeit der verrauchten Kneipen und rauchigen Stimmen. Hildegard Knef feierte 1987 ihr Comeback im Musical „Cabaret" im Theater des Westens. Kurz danach traf ich mich, von den Augen der Volkspolizisten und, wie ich später erfuhr, auch den Blicken der Stasi skeptisch beäugt, mit meiner ersten Ostliebe an der Weltzeituhr auf dem Alexanderplatz. Die Entdeckung Ostberlins vor dem Mauerfall war für mich eine Offenbarung. Punks und Hinterhof-Konzerte am Prenzlauer Berg, das Riesenrad im Plänterwald, die roten dicken Ledersessel in Erich Honeckers Lampenladen, dem Palast der Republik, in dem Udo Lindenberg 1983 auftrat, aber leider seinen „Sonderzug nach Pankow" nicht besingen durfte. Berlin begann von der Freiheit zu träumen, und noch bevor wir auf der Mauer tanzten, entdeckte ich wie viel Grün, wie viel wilde Natur es um den Müggelsee und um Köpenick gab. Auch Berliner Lauben mit Bootssteg kannte ich bis dahin noch nicht.

Pepper und Joscha im Futurium

Viele Paradiese und besondere Orte, die in diesem Buch beschrieben werden, habe ich erst nach der Jahrtausendwende entdeckt. Die Bogenseekette, den Teufelsbruch, die Krumme Laake, die Peripherie der Stadt, die Mühlen, die Ruderfähre, die Wasserbüffel, die Eiszeitseen, die Fischerdörfer und die Abhöranlage. All die kleinen Abenteuer, die in diesem Buch zu finden sind, wurden auch durch meine Reisen in die Ferne inspiriert, auf denen ich stets das Besondere und Außergewöhnliche suchte. Oft schafft ja erst die Distanz einen neuen, frischen Blick auf die eigene Stadt.

Im Sommer 2013 schenkte ich Otto Sander in einer Kneipe in Schöneberg eines meiner Neuseelandbücher, weil er sich das wünschte. Sander warf einen Blick in das Buch, schaute mich traurig an und sagte: „Schreib doch mal ein Buch über Berlin, muss ja nich imma so weit wegfahren, um wat Schönet zu sehen."

Joscha Remus

Inhaltsverzeichnis

WILLKOMMEN IN BERLIN..10

TOP TEN DER SEHENSWÜRDIGKEITEN IN BERLIN 14

KURIOSES UND BESONDERHEITEN AUS BERLIN.................20

IM WESTEN BERLINS..26
1. Baden im Wald: der Teufelssee 30
2. Spionage in Berlin: Abhöranlage Teufelsberg 34
3. Tiefwerder Wiesen: Fischerdorf und Wasserbüffel 38
4. Vom Waschhaus zum Biergarten: Brauhaus Spandau........42
5. Quentin Tarantinos Lieblingsdrehort: Besuch im
   Fort Hahneberg 46
6. Wasserleben und Wildnistraining:
   Naturschutzzentrum Ökowerk… 50
7. Willkommen im Mittelalter: Kolkviertel 54
8. Zuflucht der Fledermäuse: Zitadelle Spandau 58
9. Der schönste Liegeplatz: Pichelswerder und die
   „Alte Liebe" 62

IM HERZEN BERLINS 66
10. Kleine Dinosaurier: in Berlins Aquarium 70
11. Einmal auftanken, bitte! Die FIT freie
    internationale tankstelle..74
12. Berlins künstlerisches Gewissen:
    Käthe-Kollwitz-Museum..78
13. Naturoasen und Vogelparadies:
    die Bergmann-Friedhöfe 82
14. Der Malerpoet: Kurt Mühlenhaupt Museum 86

15. Der erste Film der Welt : Varieté-Location
    Wintergarten 90
16. Haus der Zukünfte: Futurium 94
17. Kreuzberg ober- und unterirdisch: Viktoriapark 98
18. Heimathafen für die Kultur: Café Rix 102
19. Ehemalige Kiesgrube und Mietskaserne:
    Körnerpark und Comenius-Garten 106
20. Der Herr der Stifte: Lippenstiftmuseum 110
21. Kulinarische Botschaft Luxemburgs: De Maufel 114
22. Street-Art Alley: Haus Schwarzenberg 118
23. Flair des Südens: die Heckmann-Höfe 122
24. Dinieren zwischen Maschinen: Alte Pumpe 126
25. Konzertsaal im Wasser: Liquidrom 130
26. Tanzhaus mit Tradition: Clärchens Ballhaus 134

IM NORDEN BERLINS 138
27. Babylon Berlin: das Theater im Delphi 142
28. Einkehr und Ruhe: das buddhistische Haus 146
29. Berlins ältester Baum: Sechserbrücke
    und Dicke Marie 150
30. Berlins Insel-Republik: Reiswerder 154

IM OSTEN BERLINS 158
31. Mit dem Fährbär unterwegs: Solar-Bootstour auf
    dem Müggelsee 162
32. Berlins größter Asia Markt: das Dong Xuan Center 166
33. Schwarzer Kater und stiller Held:
    Werner-Klemke-Park 170
34. Wasserparadies: der letzte Fischer vom Müggelsee 174
35. Mit der Seilbahn unterwegs: in den Gärten der Welt 178
36. Aufwind im Osten: Bockwindmühle Marzahn 182
37. Büffel, Reiher und Biber: Erpetalwiesen 186
38. Die schönsten Kanäle Berlins: Neu-Venedig 190
39. Die verwunschene Prinzessin: Lehrkabinett Teufelssee ... 196

IM SÜDEN BERLINS 198

40. Die Lokomotive im Wald: Natur-Park Schöneberger Südgelände 202
41. Mutter Fourage: Hofcafé und Galerie 206
42. St. Tropez in Berlin: Hafen Tempelhof 210
43. Dracula, Wein und eine Prinzessin: der Buschkrug-Motorikpark 214
44. Das Milchmädchen und der Ginkobaum: Schloss und Gutshof Britz und das Museum Neukölln 218
45. Sri Lanka und die Eiszeit: Hindutempel Murugan und der Fennpfuhl 222
46. Sambaschule, Zirkus, Kulturhof …: ufaFabrik 226
47. Die kreativen Ritter: Malzfabrik 230
48. Kräuter und Kunst in der Königsheide: Späth'sche Baumschulen 234
49. Das Geheimnis der Liebesinsel: Britzer Garten 238
50. Otto-Lilienthal Gedenkstätte: der Fliegeberg 242

DAS KLEINE WÖRTERBUCH FÜR BERLIN 246

REGISTER 250

BILDNACHWEIS 256

In den Monaten vor der Veröffentlichung dieses Buchs mussten Lokale und Besucherattraktionen immer wieder aufgrund der Corona-Pandemie ihre Öffnungszeiten einschränken oder zeitweise komplett schließen. Die in diesem Band angegeben Öffnungszeiten wurden gewissenhaft nach dem letzten bekannten Stand recherchiert – mit weiteren Änderungen ist jedoch nach der Pandemie zu rechnen, weshalb wir Lesern empfehlen, während des Aufenthalts in Berlin Öffnungszeiten anhand der hier aufgeführten Internetseiten selbst zu überprüfen.

Britzer Garten

Willkommen in Berlin!

Berlin ist überraschend und großartig, so viel kann ich ihnen als Autor dieses Buches versprechen. Doch die Stadt ist nicht nur großartig, sondern auch ziemlich groß. Wer hätte gedacht, dass man Manhattan fünfzehnmal in Berlin unterbringen könnte? Würde man die 3,7 Millionen Einwohner Berlins gleichmäßig über die Stadt verteilen, fielen auf jeden Bewohner der Stadt immerhin noch 250 Quadratmeter. Bei solch einer Verteilung würden sich dann übrigens ein Drittel aller Berliner im Wald oder im Grünen befinden. Denn die deutsche Hauptstadt ist eine der grünsten Städte Europas. Um sich den Reichtum an Stadtbäumen bildlich besser vorzustellen, hat eine Tageszeitung in Berlin errechnet, dass die Waldfläche der Stadt 40.000 Fußballfelder füllen würde. So richtig im grünen Bereich ist die Stadt aber, wenn man bedenkt, dass zu all den Wäldern noch mehr als 2500 Parks und Gärten hinzukommen.

Das grüne Berlin

Besonders grün ist die Millionenstadt im einstigen Jagdgebiet der brandenburgischen Kurfürsten, dem Grunewald. Inmitten uralter Eichen, Moore und Heideflächen herrscht im Forst zwischen Havel und Seenkette kilometerweit Ruhe und Stille. Oft wird vergessen, wie viele kulturelle Sehenswürdigkeiten und zauberhafte Orte es mitten im Grunewald gibt. So ist das 1542 errichtete Jagdschloss Grunewald Berlins älteste Schlossanlage. Ein Denkmal auf der Halbinsel Schildhorn verweist auf den Slawenfürsten Jaxa und das Jahr 1157. Ein Zeitpunkt, zu dem es die Stadt Berlin noch gar nicht gab. Und wer sich den Grunewald von oben betrachten möchte, sollte auf den 78 Meter hohen Grunewaldturm steigen, der den Besuchern einen weiten Blick über den Grunewald, die Havel und den Wannsee gewährt. Spannend wird es, wenn man sich auf den Teufelsberg begibt. Die dortige ehemalige Abhörstation stelle ich in diesem Buch als Tipp 2 auf Seite 34 vor. Ein anderes Waldabenteuer Berlins könnte man übrigens im Waldhochseilgarten in der Jungfernheide erleben. Der Klettergarten ist so groß, dass man sich bequem einen halben Tag lang durch die Bäume hangeln könnte.

Doch in Berlin kann man nicht nur sein grünes, sondern auch sein blaues Wunder erleben. Denn Berlin ist eine der wasserreichsten Hauptstädte Europas und eine Metropole, die immerhin über 70 Inseln im Stadtgebiet verfügt. Hamburg, der ewige Konkurrent, was Flair und Weltläufigkeit betrifft, hat diesbezüglich gerade einmal drei Inseln zu bieten. Nun gut, nimmt man die neu entstandene Insel im Wattenmeer hinzu, sind es vier.

Berlin ist eine Wasserstadt mit mehr als doppelt so vielen Brücken wie Venedig. Während man in der italienischen Lagunenstadt etwa 400 zählt, sind es in Berlin annähernd 1000 Brücken. Erzähle ich Besuchern, dass es in Berlin 70 Inseln, 50 Seen, acht Kanäle und die drei Hauptflüsse Havel, Spree und Dahme gibt, bleibt vielen vor Staunen der Mund offenstehen. Dabei habe ich die vielen kleineren Flüsse wie Erpe, Panke, Wuhle und Bäke noch gar nicht erwähnt. Flüsschen, von denen allerdings auch die meisten Berliner und

Berlinerinnen kaum je etwas gehört haben. Wer wollte, könnte 330 Kilometer allein auf den Fließgewässern Berlins zurücklegen. Zu den Sehenswürdigkeiten der Stadt gleich noch einen Tipp: Nirgendwo in Berlin kann man eine derartig schöne Ostsee-Atmosphäre wie am Strandbad Wannsee erleben. Das größte Binnenseebad Europas bietet neben seinem Kilometer langen Sandstrand auch Sonnenplateaus, Duschkabinen, Strandkörbe und einen FKK-Bereich.

Aufgrund der historischen Entwicklung, vor allem aber der früheren Teilung, ist es heute schwierig in Berlin ein einziges Zentrum als Innenstadt festzulegen. Die Sehenswürdigkeiten und 175 Museen verteilen sich über die ganze Stadt und jedes Viertel, jeder Kiez, wie der Berliner sagt, hat seinen ganz eigenen Charme. Kein Wunder, dass Berlin in fast jedem Stadtteil völlig anders wirkt, denn 1920 wurden für die Hauptstadt ganze 59 Dörfer eingemeindet und schlagartig wurde Berlin flächenmäßig zur zweitgrößten Metropole der Welt; nur Los Angeles war damals größer. Im Ranking der Einwohner lag Berlin mit 3,6 Millionen Einwohnern nach New York und London damals auf dem dritten Platz. Seit vielen Jahrzehnten zieht die deutsche Hauptstadt Menschen aus der ganzen Welt an. 13 Millionen Gäste kommen Jahr für Jahr in die Stadt, das ist deutschlandweit Rekord. In den letzten 45 Jahren stieg die Einwohnerzahl Berlins um 18 Prozent.

Viel Wasser in Berlin!

Berlin ist international. Mittlerweile leben Menschen aus über 170 Ländern in der Stadt. Die multikulturelle Vielfalt Berlins zeigt sich besonders beim Karneval der Kulturen, der jedes Jahr um Pfingsten herum in Kreuzberg über eine Million tanzende Menschen auf die Straßen bringt. Bei Umfragen die Lebensqualität betreffend landet die deutsche Hauptstadt im weltweiten Vergleich regelmäßig unter den Top 13 (aktuelle Mercer-Umfrage).

Silvester am Reichstag

Berlin ist längst zu einer Weltstadt geworden. Doch trotz all der von mir aufgezählten Rekorde und all der in diesem Buch genannten Fülle an Naturoasen und Kulturwundern polarisiert die Stadt auch immer wieder. Der elendig lange Bau des Hauptstadtflughafens BER, die Ineffizienz, die Gentrifizierung, die Mietenpolitik, all das sind Gründe, warum Berlin nicht mehr ganz so großspurig daherkommt wie in den 1920er-Jahren. „Bescheidenheit ist eine Zier, doch weiter kommt man ohne ihr". Tja, mittlerweile haben in der Hauptstadt viele Menschen die Bescheidenheit wiederentdeckt. Berlin ist vielfältiger geworden und das tut der Stadt gut. Wer als Besucher Berlins der Hektik Lebewohl sagen und die Ruhe, Vielfalt, Behaglichkeit und Besinnlichkeit der Metropole entdecken möchte, wird die fünfzig kleinen Abenteuer in diesem Buch genießen. Denn Berlin ist nicht nur eine Stadt, sondern auch eine Lebenseinstellung. Und so zeigt die Hauptstadt heute neben ihrem Asphaltdschungel viele andere und unbekannte Gesichter. Sie ist auch Insel, Wildnis, Schlucht, Strand, Sumpf, Schilf, Moor und sogar – wie wir sehen werden – Fischerdorf geblieben.

Top 10

DER SEHENSWÜRDIGKEITEN IN BERLIN

Dieses Buch konzentriert sich vor allem auf weniger bekannte, besondere Orte in Berlin, von denen sicherlich auch viele Einwohner der Stadt noch nichts gehört haben. Daneben gibt es aber selbstverständlich auch die Highlights, die alle, die Berlin besuchen, irgendwann einmal gesehen oder besucht haben sollten. Dazu zählen:

1 **Brandenburger Tor:** Berlins bekanntestes Wahrzeichen war früher ein Mahnmal für die Teilung der Stadt. Es stand während der deutschen Teilung in einem Sperrbezirk und konnte weder von West- noch von Ostberlinern besucht werden. Doch seit dem Mauerfall verbindet man das einzige erhaltene Stadttor nicht mehr mit Trennung. Vielmehr ist es nun zu dem markantesten Symbol der Einheit Deutschlands geworden. Genau hier versammeln sich zu Silvester die Menschen, um ins neue Jahr zu feiern. Auch bei anderen Events wie „Berlin leuchtet" steht das Brandenburger Tor und seine Quadriga im Mittelpunkt. Die fünf Durchfahrten sind übrigens nicht gleich bemessen. Am breitesten ist die mittlere Durchfahrt, weil sie einst für die königliche Kutsche vorgesehen war; *brandenburger-tor-berlin.de*

2. Humboldt-Forum im Berliner Schloss:

Wohl kaum ein anderer Neubau wurde in Berlin so heiß diskutiert wie das Berliner Stadtschloss. Genau hier, in Berlins Mitte, legte Kurfürst Friedrich II. 1443 den Grundstein zum Residenzschloss der Hohenzollern in der bis dahin unbedeutenden Doppel-Stadt Berlin-Cölln. Nach über 500 Jahren wurde der Prunkbau auf Befehl Walter Ulbrichts trotz massiver Proteste 1950 gesprengt. Seit 2020 sind nun wieder drei der Barockfassaden des Schlosses als originalgetreue Replik zu sehen. Die Spreeseite des Schlosses ist hingegen, genau wie das im Innern zu finden Humboldt-Forum, modern gestaltet. Die Namensgebung erinnert an den Universalgelehrten Wilhelm von Humboldt und seinen Bruder, den weitgereisten Weltbürger Alexander von Humboldt, der auf seinen Reisen verschiedenste Kulturen erforschte; *humboldtforum.org*

3. Philharmonie:

Die Heimat der Berliner Philharmoniker ist nicht nur ein Ort der Klassik, sondern auch ein Ort für Jazz, Soul, Flamenco und viele Musikrichtungen mehr. Eines der besten Orchester der Welt begann übrigens mit einem Aufstand, in dem die Musiker der Bilesischen Kapelle gegen ihren geizigen Direktor revoltierten. Und auch die Karriere des neuen Konzertsaales begann mit einem Knall. Im wahrsten Sinn des Wortes. Vor der Eröffnung des

Konzertsaales prüften Experten die Akustik mit Pistolenschüssen. Anders als in klassischen Konzertsälen sitzt das Orchester der Philharmonie mitten im Raum und wird vom Publikum umgeben. Das sensationelle Klangerlebnis ergibt sich aus der zeltartigen Decke und den gefalteten Wänden; *berliner-philharmoniker.de*

4 **Gendarmenmarkt:** Der Gendarmenmarkt ist zweifelsohne einer der schönsten Plätze der Hauptstadt. Ich finde, er gehört sogar zu den Top 10 der schönsten Plätze Europas und ist ein absolutes Muss für Berlinbesucher. Man weiß gar nicht, wo man zuerst hinschauen soll. Der Französische und der Deutsche Dom, dazwischen das nach Entwürfen von Karl Friedrich Schinkel erbaute Konzerthaus und das davor zu sehende Schillerdenkmal. Der Gendarmenmarkt ist ein Prunkstück, das auch schon seinen bekanntesten Anwohner E.T.A. Hoffmann täglich aufs Neue begeisterte. Wer das Glück hat, zum Zeitpunkt des Classic Open Air auf dem Gendarmenmarkt zu sein, sollte diese Sommerkonzertreihe auf keinen Fall verpassen. Doch auch der Weihnachtsmarkt, der hier stattfindet, gehört zu den schönsten der Stadt; *berlin.de/sehenswuerdigkeiten/3560277-3558930-gendarmenmarkt.html*

5 **East Side Gallery:** Der längste noch bestehende Abschnitt der Berliner Mauer lässt sich am Spreeufer im Stadtteil Friedrichshain bewundern. Gleich nach dem Mauerfall begannen 118 Künstler aus 21 Ländern damit, die graue Mauer zu bemalen, zu besprayen oder andersartig zu bearbeiten. Die Kunstmeile, die dabei entstanden ist, wird täglich von Tausenden Berlinbesuchern bestaunt. Die 1,3 Kilometer Kunst zeigen, wie die Künstler die politischen Veränderungen der damaligen Zeit interpretiert haben. Birgit Kinders durch die Mauer brechender Trabant ist hier ebenso zu sehen wie die berühmte Abbildung von Dimitrji  Vrubel, die den sozialistischen, sehr intensiven Bruderkuss zwischen Breschnew und Honecker verewigt; *berlin.de/ sehenswuerdigkeiten/3559756-3558930-east-side-gallery.html*

6 **Oberbaumbrücke:** Unter den fast Tausend Brücken Berlins findet sich so manche Schönheit. Auf Seite 150 in Tipp 29 ist mit der Sechserbrücke eine der interessantesten Stadtbrücken in diesem Buch beschrieben. Doch die wohl schönste und imposanteste Brücke der Stadt ist die Oberbaumbrücke. Seit 1896 verbindet die Sieben-Bogen-Brücke die Bezirke Kreuzberg und Friedrichshain. Bis 1893 befand sich an ihrer Stelle eine hölzerne Brücke, die dann durch eine neugotische Straßen-Eisenbahnbrücke ersetzt wurde. Während Fußgänger heute durch die Kopie eines mit-  telalterlichen Kreuzgangs wandeln, schauen die Fahrgäste der U-Bahn-Linie 1 beim Überqueren von oben herab auf die Spree, die an dieser Stelle auf 150 Metern Länge überquert wird; *berlin. de/sehenswuerdigkeiten/3559975-3558930-oberbaumbruecke.html*

7 **Denkmal für die ermordeten Juden Europas:** Neben diesem offiziellen Namen wird dieser Ort auch kurz Holocaust-Mahnmal genannt. Das wellenförmige Feld aus 2711 quaderförmigen Betonstelen nach einem Entwurf des New Yorker Architekten Peter Eisenman erinnert an die rund sechs Millionen Juden, die unter der Herrschaft der Nationalsozialisten ermordet wurden. Vom Brandenburger Tor sind es nur wenige Fußminuten bis zum Mahnmal, das von jeder Seite aus zu betreten ist. Unter dem Stelenfeld liegt der „Ort der Information", wo in verschiedenen Themenräumen die Verbrechen der Nazizeit dokumentiert, diskutiert und aufgearbeitet werden; *stiftung-denkmal.de*

8 **Reichstag:** In einer Abstimmung im Jahr 1991 wählte man Berlin offiziell zum künftigen Regierungssitz Deutschlands. Damit war der Weg frei, den Reichstag nach dem preisgekrönten Entwurf des britischen Architekten Sir Norman Foster umzugestalten. Heute gehört der Sitz des Deutschen Bundestages mit seiner spektakulären Glaskuppel zu den meistbesuchten Sehenswürdigkeiten der Stadt. Besucher können hier live erleben, wie Politik gemacht wird, oder nach einem spiraligen Gang durch die Glaskuppel einen Blick von der Dachterrasse werfen; *bundestag.de/besuche/architektur/reichstag*

9 Schloss Charlottenburg: Oh ja, Berlin ist auch eine Stadt der Burgen und Schlösser. Teilweise kommen sie sogar recht märchenhaft daher, wie das weiße Schloss auf der Pfaueninsel. Das prachtvollste der zwölf Berliner Schlösser ist das nach Königin Sophie Charlotte benannte Schloss Charlottenburg. An der ehemaligen Sommerresidenz der Hohenzollern wurde fast einhundert Jahre lang gebaut. Meine Empfehlung: an einem sonnigen Tag gratis fürstlich durch den prächtigen Schlossgarten wandeln; *spsg.de/schloesser-gaerten/objekt/schloss-charlottenburg-altes-schloss*

10 Museumsinsel: Kein Wunder, dass diese Insel inmitten der Spree zum UNESCO-Welterbe ernannt wurde. Was für ein Gesamtkunstwerk! Fünf Museen drängen sich hier dicht an dicht, und natürlich möchte jeder Besucher der Museumsinsel einmal die Büste der Nofretete oder den berühmten Pergamonaltar sehen. So wurde das Pergamonmuseum zum meistbesuchten Museum in Berlin. Falls der große Saal mal wieder renoviert wird, bieten sich übrigens genügend Alternativen an. Das Bode-Museum an der Spitze der Museumsinsel mit seiner prachtvollen Skulpturensammlung oder das Neue Museum mit seiner Papyrus- und Antikensammlung und der eben bereits erwähnten Nofretete. Oder wie wäre es mit einem Rodin, einem Caspar David Friedrich, Manet, Monet und Renoir. Zu sehen im antiken Tempel der Alten Nationalgalerie; *smb.museum*

Kurioses und Besonderheiten

AUS BERLIN

Kurioses und Besonderes findet sich in Berlin in einer solchen Vielzahl, dass damit ganze Bücher gefüllt werden. Einige dieser außergewöhnlichen Kuriositäten sind beispielsweise:

✓ Von Feuerland bis Kanada, von Südafrika bis Sibirien gibt es 118 Orte auf der Welt, die Berlin heißen. Darunter auch der 3148 Meter hohe Mount Berlin in der Antarktis und ein Berg in der pazifischen Tiefsee vor Hawaii.

✓ Rund 90 Prozent der Berliner Mauer endeten als Straßenschotter. Unter anderem wurden große Teile des Schotters zum Bau der Straße zum Flughafen Schönefeld verwendet.

✓ Der Klunkerkranich gehört zu den wenigen frei begehbaren und ganz besonderen Dächern in Berlin. Er ist vieles: Club, Strandbar und Künstlerinsel. Von der Neuköllner Dach-Location aus hat man einen spektakulären Blick bis zum Europa-Center und zum Fernsehturm. Ganz besonders empfehlenswert: ein sommerlicher Sonnenuntergang auf dem Dach.

✓ Berlin hat nicht nur mehr als doppelt so viele Brücken wie Venedig, sondern war auch schon einmal Hansestadt. Das allerdings ist lange her, denn schon 1359 wird das damalige Berlin-Cölln Mitglied des Hansebundes und war es 92 Jahre lang.

✓ Das erste Berliner Telefonbuch aus dem Jahr 1881 enthielt acht Namen.

✓ Die erste, 1924 in Betrieb genommene Ampel Deutschlands war über acht Meter hoch. Ein Nachbau dieses berühmten Ampelturms steht heute auf dem Potsdamer Platz.

✓ Zu den Abertausend Dingen, die in Berlin erfunden wurden, zählen der Briefmarkenautomat, Ohropax, die Taschenlampe, der Computer, das Teelicht, der Fön und das erste nahtlose Kondom der Welt (erfunden in einer Hinterhofwerkstatt im Prenzlauer Berg von Julius Fromm).

✓ Als John F. Kennedy 1963 in Berlin vor zwei Millionen Menschen seine berühmten Worte sprach, hielt er sich genau an seine handschriftlichen Notizen. Auf seinem Zettel stand: „Ish bin ein Bearleener". Außerdem stand noch darauf „Lusd z nach Bearleen comen." Lasst sie nach Berlin kommen. Doch zu diesem Satz kam Kennedy vor lauter Applaus nicht mehr.

✓ Ein Mythos ist die Behauptung, Berlin sei die drittgrößte türkische Stadt der Welt. In Berlin leben ca. 100.000 Menschen türkischer Herkunft, allerdings gibt es in der Türkei über 70 Großstädte mit mehr Einwohnern.

✓ Zu Tipp 44 auf Seite 218: Das sprichwörtliche Milchmädchen, nach dem man eine Rechnung benannte, gab es wirklich. Die Berlinerin Anna Schnasing verkaufte um 1890 für die Meierei Bolle Milch an Hausfrauen. Da sie oft betrogen wurde, erlernte sie eine unfehlbare Fingerrechnung, hinter deren Geheimnis später erst ein Mathematiker kam.

✓ In Berlin verspeist man jedes Jahr rund 70 Millionen Currywürste. Das sind etwa 60 Milliarden Kalorien; eine Currywurst hat etwa 820 Kalorien.

✓ Oh ja – auch die Hauptstadt feiert Karneval. Das weltoffene und diverse Berlin zeigt sich wohl nirgends so farbenprächtig wie beim „Karneval der Kulturen". Zu den Straßenumzügen dieses internationalen Festes kommen regelmäßig über eine Million Besucher aus aller Welt.

✓ Über fünf Millionen Menschen kamen zur Verhüllung des Reichstags 1995 nach Berlin. Dieses Kunstprojekt von Christo und Jeanne-Claude wurde zwar vom damaligen Bundeskanzler Helmut Kohl abgelehnt, aber die Macher der Simpsons liebten die Verhüllung so sehr, dass Homer sich in der Folge „Surprise for Springfield" 1999 vom verpackten Reichstag inspirieren ließ und eine neue weltbewegende Karriere als Künstler begann.

✓ Last but not least: Seit der Wiedervereinigung sprechen wir von den fünf neuen Bundesländern. Doch streng genommen gibt es sechs neue Bundesländer. Berlin (West) hatte von 1945 bis 1990 stets einen Sonderstatus und war offiziell kein Bundesland der Bundesrepublik. Das Bundesland Berlin ist dabei das einzige, das inmitten eines anderen Bundeslandes – Brandenburg – liegt.

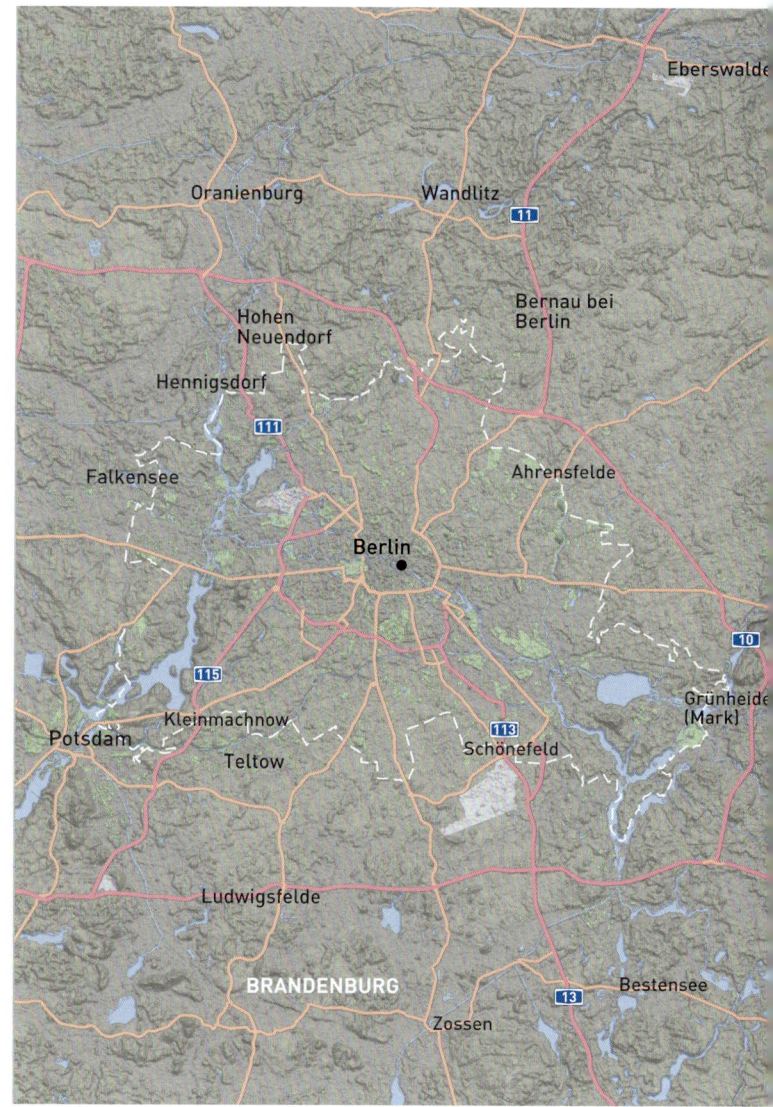

Im Westen Berlins

Ponton im Teufelssee im Grunewald

Im Westen Berlins

1. Baden im Wald: der Teufelssee
2. Spionage in Berlin: Abhöranlage Teufelsberg
3. Tiefwerder Wiesen: Fischerdorf und Wasserbüffel
4. Vom Waschhaus zum Biergarten: Brauhaus Spandau
5. Quentin Tarantinos Lieblingsdrehort: Besuch im Fort Hahneberg
6. Wasserleben und Wildnistraining: Naturschutzzentrum Ökowerk
7. Willkommen im Mittelalter: Kolkviertel
8. Zuflucht der Fledermäuse: Zitadelle Spandau
9. Der schönste Liegeplatz: Pichelswerder und die „Alte Liebe"

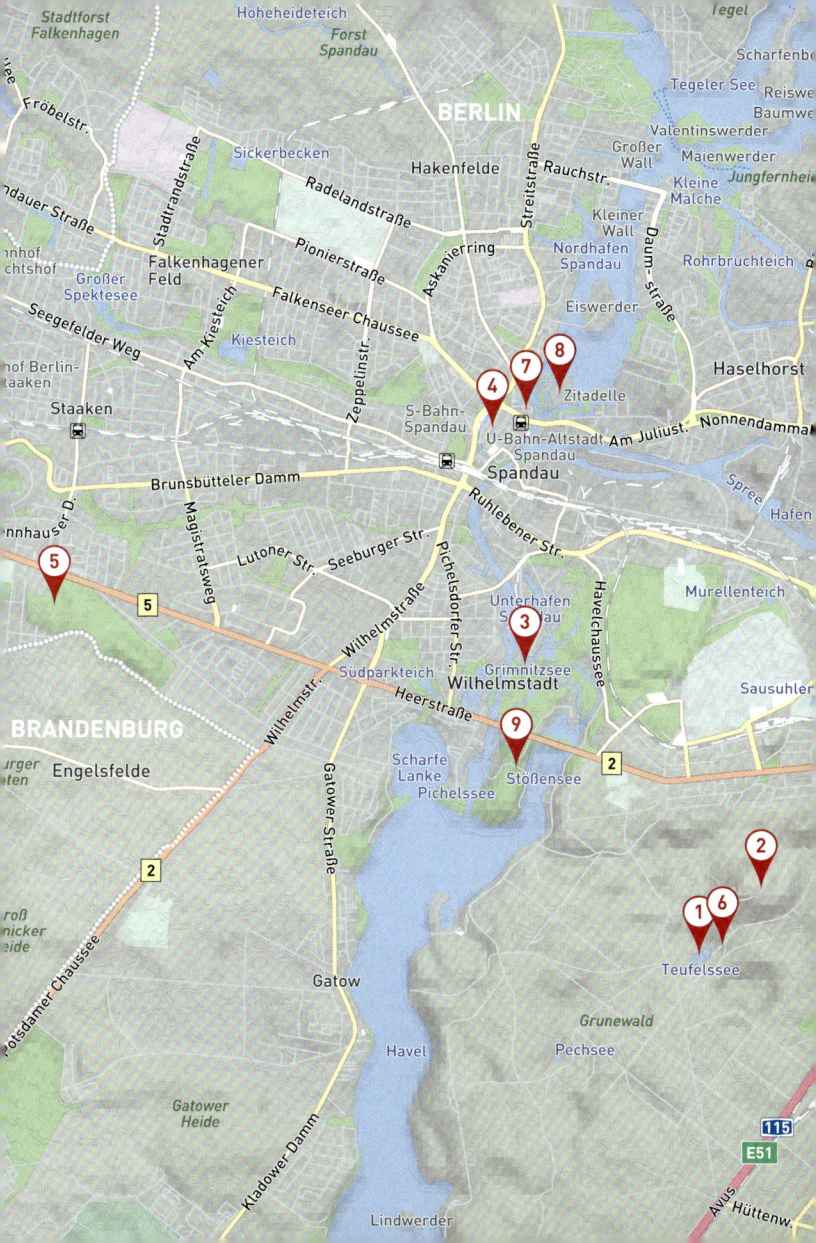

1 Baden im Wald

DER TEUFELSSEE

Es gibt wohl kaum eine Millionenstadt mit derart vielfältigen Bademöglichkeiten an natürlichen Gewässern wie Berlin. Kristallklares Wasser, einsame Buchten und feinpudriger Sand – alles ist vorhanden. Aber einen so idyllischen, ruhigen Waldsee wie den Teufelssee gibt es auch hier nur ein einziges Mal.

IM WESTEN BERLINS

Das Südufer des Teufelssees

Der Teufelssee ist nicht nur aufgrund seiner wunderschönen Lage mitten im Grunewald einmalig. Während die anderen Berliner Seen von unterirdischen oder oberirdischen Zuströmen gespeist werden, füllt sich dieser Waldsee allein, wenn der Himmel es möchte. Er ist ein Himmelsteich. So werden Gewässer genannt, die sich nur durch Niederschläge füllen. Da der Teufelssee bereits vor über sechzig Jahren als Naturschutzgebiet ausgewiesen wurde, wäre Baden dort eigentlich verboten. Doch eine Sonderregelung des Berliner Senats macht das Baden möglich, indem sie das Süd- und Südostufer sowie einen Großteil der Wasserfläche von der Naturschutzregelung befreite. So entwickelte sich der Teufelssee im Laufe der Jahre zu einem Geheimtipp.

Die schönste Badestelle liegt am Südufer des Teufelssees. Dort befindet sich eine große Liegewiese, die von den Besuchern gern als FKK-Bereich genutzt wird. Die Wiese, die sich über einen Hügel bis hinauf zum Waldrand erstreckt, gehört zu den eindeutigen Favoriten der Teufelssee-Fans. Sie steigen am Südrand des Sees ins sehr saubere Wasser, lassen sich ein wenig treiben oder schwimmen hinüber zum Ponton, der mitten auf dem See verankert ist. Die Badegewässerqualität des Teufelssees wird seit Jahren als ausgezeichnet eingestuft. Das sauerstoffarme Wasser ist klar bis trübe. Der See hat nur eine Sichttiefe von etwa 40 Zentimetern, auch wenn die Veralgung nicht sehr stark ausgeprägt ist.

Dickicht am Südufer

Nördlich des Sees, der sich zur letzten Eiszeit gebildet hat, schließt sich ein Moorgebiet an. Da der Grunewald über einen ausreichenden Grundwasserspiegel verfügt, speist dieser sowohl den See als auch das angrenzende Moor Teufelsfenn und erhält es so als wertvolles Biotop.

Auf dem Gelände gibt es WC-Container, allerdings keine Duschen. Wer hier baden und sonnenbaden möchte und seinen Tag am See verbringt, sollte daran denken, Proviant und Getränke mitzubringen. Allerdings gibt es zweihundert Meter entfernt vom Teufelssee im Bistro des Ökowerks auch Kaffee, Vollkornkuchen oder Eis für die Kinder.

Ponton im Teufelssee

Nicht verwunderlich ist, dass die beliebte Badestelle am Teufelssee auch bei den Wildschweinen des Grunewalds zu einem beliebten Treffpunkt geworden ist. Da die Tiere Essen bereits aus einer Entfernung von einem Kilometer riechen können, kann es zu kuriosen, aber durchgehend harmlosen Begegnungen kommen. Weltweit berühmt

IM WESTEN BERLINS

wurde der Teufelssee im August 2020, als das Bild eines verzweifelten Mannes im Internet und den internationalen Medien verbreitet wurde, der splitternackt einem Wildschwein hinterherlief. Das Wildschwein hatte sich die gelbe Tüte des Mannes samt Laptop geschnappt und rannte nun, gefolgt von seinen hungrigen Frischlingen, zwischen den Sonnenanbetern davon. Der nackte Mann rannte hinterher und es gab, wie die Medien berichteten, ein Happy End. An elektronischen Geräten sind die Wildschweine des Grunewalds dann doch nicht interessiert.

Lage:
Am südlichen Ende der Teufelsseechaussee 28, 14193 Berlin-Charlottenburg/Wilmersdorf

Anreise mit dem ÖPNV: Eine direkte Anbindung an die Öffentlichen hat der Teufelssee nicht. Vom S-Bahnhof Heerstraße (S5; Buslinien: 218, X34, X49, M49) gelangt man in 30 Minuten zu Fuß über die Teufelsseechaussee zum See.

Anreise mit dem Auto: An der Teufelsseechaussee gibt es einen Parkplatz.

Öffnungszeiten: ganztägig geöffnet

Eintritt: frei

Website: *berlin.de/tourismus/seen/6258285-4299185-teufelssee.html*

HINWEISE:
- Im Bistro des Öko-Werks erhält man Kaffee, Vollkornkuchen oder Bio-Torte, Bio-Eis für die Kinder und je nach Saison Vollkornpizza, Säfte aus dem Umland, heißen Holunderbeersaft und vieles mehr.
- Hunde dürfen nicht im Teufelssee baden.
- DLRG-Rettungsstation: Tel. 030 3620950, Feuerwehr: Tel. 112

2 Spionage in Berlin

ABHÖRANLAGE TEUFELSBERG

Die weißen Kuppeltürme der Abhöranlage auf dem Teufelsberg waren lange nicht zu besichtigen. Zu geheim zuerst, danach zu baufällig und dann auch zu gefährlich. Aber seit Kurzem steht die ehemalige Spionageanlage der Amerikaner und Engländer ganz oben auf der Liste der mysteriösen Orte von Berlin. Und lässt sich wieder besichtigen.

Nachdem der Trümmerschutt des zerstörten Berlins nach dem Krieg im Grunewald abgeladen wurde, pflanzte man rund eine Million Bäume auf diesen neu entstandenen Berliner Berg, den man Teufelsberg nannte. Man wollte ihn in ein Wintersportgebiet verwandeln. Also wurde er mit einem Skihang, einer Rodelbahn und sogar mit einer Sprungschanze ausgestattet. Sogar Wein wurde hier angebaut, das sogenannte Wilmersdorfer Teufelströpfchen. Doch in den 1950er-Jahren entdeckte dann die US-Armee den Berg als idealen Ort für eine Abhöranlage und vorbei war es mit dem Weinanbau und dem Wintersport. Die westlichen Alliierten versuchten vom Teufelsberg aus, mit den fünf riesigen Antennenkuppeln den Funkverkehr des Ostblocks abzuhören. Nachdem die Alliierten die Anlage 1992 verließen, plante man hier Luxuswohnungen und Hotels. Doch alle schönen Pläne scheiterten und seitdem zerfällt die Abhöranlage. Zwar wird der Skihang nun doch im Winter noch genutzt und auch Mountainbiker, Downhill-Skater oder Gleitschirmflieger entdeckten den Teufelsberg als Naherholungsziel. Doch die Abhöranlage zerfiel jahrzehntelang immer weiter und wurde mittlerweile durch ihre spektakuläre Kulisse und ihren futuristischen Charme zu einem Ort der Kunst.

Meditatives Graffiti

Wer heute durch den Grunewald spaziert, sieht die riesigen weißen Kugeln nicht sofort, denn obwohl sie oben auf dem 120 Meter hohen Teufelsberg stehen, sind sie durch den Wald nicht von überall gut zu sehen. So kann es passieren, dass jemand, der nur 100 Meter von der Abhöranlage entfernt am Absperrzaun steht, die Spionage-Türme schlechter sehen kann, als jemand, der aus

IM WESTEN BERLINS

Die ehemaligen Antennenkuppeln

einem Hochhaus in Mitte – zehn Kilometer entfernt – aus dem Fenster sieht. Vor allem vor der roten Abendsonne sehen die großen Kugeln von dort aus wie markante Scherenschnitte. Längst gehört die ehemalige Abhöranlage der Alliierten zur Skyline Berlins und ist auch als Location bei Filmemachern sehr beliebt.

Einen solchen Ort gibt es in keiner anderen europäischen Stadt. Da gibt es die nie zuvor gehörten Geräusche, die durch die zerfetzte, im Wind flatternde Stoffverkleidung der Antennenkuppeln entstehen. Dieser Sound und der markante Charme des Zerfalls tragen mit zum unheimlichen Schauer bei, den diese Anlage bei vielen auslöst. Auf der anderen Seite gibt es die teils fröhlichen, teils mahnenden bunten Graffiti, die nahezu jede Wand und jeden Winkel der Abhöranlage bedecken. Da heißt es beispielsweise in knallig bunten Farben „Thank god it's our bomb". Das Graffiti zeigt einen in die amerikanischen Farben gekleideten Herrn, der sitzend eine Bombe reitet, die – deutet man die Flugbahn korrekt – kurz vorm Einschlag steht. Einige Meter entfernt sieht man ein rotes Autowrack, das ungestört vor sich hin rosten darf. Das riesige Areal ist längst zu einem Eldorado für Sprayer und

Street-Art-Künstler geworden. Die Teufelsberg-Gallery ist eine der weltgrößten Ausstellungsflächen ihrer Art. Und auch die Musik findet ihren Platz in der ehemaligen Radaranlage, weil die Akustik einmalig ist. All diese Details tun den Führungen und auch den Filmen gut, die hier entstehen. Die Abhöranlage Teufelsberg bleibt ein idealer Drehort für Krimis und natürlich für Spionagefilme.

Lage: Abhöranlage Teufelsberg: auf 120 Metern Höhe; Teufelsseechaussee 10, 14193 Berlin

Anreise mit dem ÖPNV: Vom S-Bahnhof Grunewald sind es 2,6 Kilometer Fußweg durch den Wald. Die Teufelsseestraße führt vom S-Bahnhof Heerstraße auf die Teufelsseechaussee. Nach 2,1 Kilometer Fußweg erreicht man die Radaranlage.

Anreise mit dem Auto: Am bequemsten erreichen Sie die Radaranlage vom Parkplatz Teufelsseechaussee 28.

Öffnungszeiten: Mittwoch bis Sonntag 11 bis 16 Uhr (letzter Einlass: 15 Uhr), Montag und Dienstag geschlossen!

Eintritt: ohne Führung Erwachsene 7 EUR, Historische Führung 15 EUR, Parkplatz auf dem Gelände 5 EUR

Führungen: Treffpunkt am Haupttor der Field-Station in der Teufelsseechaussee 10, 14193 Berlin. Historische Führung: ca. 90 Minuten, Freitag, Samstag und Sonntag sowie nach Vereinbarung. Es gibt im Winter auch eine historische Fackelwanderung.

Website: *teufelsberg-berlin.de*

HINWEIS: Zwei Jahrzehnte nach ihrer Schließung ist die Abhörstation in einem desolaten Zustand, weshalb Teilnehmer der Führungen mindestens 14 Jahre alt sein und versichern müssen, dass sie auf eigene Gefahr mitgehen.

3 Tiefwerder Wiesen

FISCHERDORF UND WASSERBÜFFEL

Rasenmäher anzuschauen wäre vielleicht nicht das richtige Abenteuer, das in dieses Berlinbuch gehört. Doch da es in diesem Fall Wasserbüffel sind, die als Rasenmäher auf einer ehemaligen Fischerinsel eingesetzt werden, macht das den Ausflug in die Tiefwerder Wiesen mit Sicherheit attraktiv.

IM WESTEN BERLINS

Wer sich über die breite, viel befahrene Heerstraße nach Westen auf den Weg Richtung Spandau macht, wird sich kaum vorstellen können, hier eine ehemalige, einst von Linden gesäumte Chaussee entlangzufahren. Ebenso wenige werden wohl mitten auf der Strecke Halt machen, um eine ehemalige Insel zu besuchen, die als solche von der Straße aus nicht ansatzweise zu erkennen ist. Wenn man von der viel befahrenen Heerstraße abbiegt, um im nördlichen Teil Pichelswerders dem Brandensteinweg zu folgen, kommt sofort Inselfeeling auf. Und Ruhe kehrt ein.

Das kleine ehemalige Fischerdorf Pichelsberg, in das man hier gelangt, liegt unweit eines ehemaligen Überschwemmungsgebietes. Die Seitenarme der Havel sind allgegenwärtig und so darf es nicht verwundern, hier auf eine Kleingartenkolonie zu treffen, die sich Klein-Venedig nennt. Ebenso wie es den Teufelssee zweimal in Berlin gibt, kommt auch Venedig als west-östliches Zwillingspaar vor, siehe Tipp 38 Neu-Venedig, Seite 190. Der Westen und der Osten Berlins haben mehr gemeinsam, als man glaubt.

Blühende Feuchtwiese

Die Seen, die Natur und die Wasserbüffel beispielsweise. Eine gute Art, um die Tiere inmitten der Feuchtwiesen und der dichten Röhrichlandschaft zu entdecken und das Areal zu erkunden, könnte eine Paddeltour sein. Am besten paddelt man dabei von Klein-Venedig den Hauptgraben entlang und nördlich des Ortes Pichelsdorf links ins Gebiet der Tiefwerder Wiesen hinein.

Doch auch zu Fuß lässt sich das Landschaftsschutzgebiet, das von vielen alten Flussarmen der Havel durchzogen ist, gut erkunden. Von Pichelsdorf aus ziehen sich viele kleine Pfade durch einen Wald, der an einer großen Lichtung endet. Ein Holzsteg führt einmal quer durch die Feuchtwiesen und bietet einen freien, weiten Blick auf die Auenlandschaft. Man kann kaum glauben, dass man weiterhin in Berlin ist, wenn man von bis zu zwei Meter hohem Süßgras, dichten Röhrichtgürteln und schönen Wasserschwertlilien umgeben ist.

Die regelmäßigen Überflutungen der Tiefwerder Wiesen bieten Hechten hier ihr letztes Laichgebiet in Berlin. Mit einem Bestimmungsbuch könnte man sehr seltene Pflanzenarten wie das aus dem Himalaya stammende Drüsige Springkraut entdecken. Gelbe Teichrosen bedecken große Teile des Wassers und auch der Biber kommt hier vor, den man sicherlich – ganz ohne Bestimmungsbuch – sofort erkennen würde.

Leider kann ich nicht genau angeben, wo die Wasserbüffel zu sehen sein könnten. Denn gerne verstecken sie sich im Schilf und im Röhricht. Die hier zu sehenden Fotos habe ich ganz im Norden des Gebiets gemacht, nahe einer Kleingartenkolonie, die am Wiesenweg zu finden war. Einer der Büffel trennte sich

Tiefwerder Wiesen

IM WESTEN BERLINS

von der Herde, kam auf mich zu und drehte mir seinen Rücken entgegen, auf dem sich einige Kletten und Runddisteln verfangen hatten. Ich erlöste ihn von einigen der Quälgeister. Eine kleine, alte Frau kam aus der Siedlung auf mich zu und sagte: „Danke, dass Sie das machen. Ich komme da leider nicht mehr ran."

Wasserbüffel

Lage: Tiefwerder Wiesen, 13597 Berlin

Anreise mit dem ÖPNV: Mit der U-Bahn-Linie 2 Richtung Ruhleben bis zum Theodor-Heuss-Platz. Von dort mit dem Bus M49 bis zur Haltestelle Pichelswerder. Zu Fuß dauert es etwa 40 Minuten, bis man die Tiefwerder Wiesen erreicht hat.

Anreise mit dem Auto: Man fährt aus der City kommend die Heerstraße entlang bis zur Freybrücke. Hier gibt es auch einige Parkplätze am Havelufer.

Öffnungszeiten: durchgehend geöffnet

Imbiss: Die Waldschänke am Stößensee, Heerstraße 185, befindet sich in der Nähe der Bushaltestelle Pichelswerder.

Websites:
- *visitspandau.de/beweg-dich/gruenes-spandau/pichelswerder-tiefwerder-wiesen*
- Die Wikipediaseite über die Tiefwerder Wiesen ist mit Abstand die informativste die man finden kann; *de.wikipedia.org/wiki/Tiefwerder_Wiesen*

4 Vom Waschhaus zum Biergarten

BRAUHAUS SPANDAU

In einem Gebäude aus der Kaiserzeit wird in Spandau das ausgeschenkte Bier noch selbst hergestellt. Wer möchte, kann im urigen Brauhaus beim Brauen ganz dicht dabei sein. Und sich auf Wunsch vom Braumeister alles geduldig erklären lassen.

IM WESTEN BERLINS

Die kupfernen Braukessel

Was für eine Lage, was für ein Anblick. Vom historischen Kolk in der Altstadt Spandaus sind es nur ein paar Schritte hinüber zu einer kleinen Brücke, die über einen Havelarm ins Grüne und dann geradezu direkt zum roten Backsteinbau führt. Zuerst glaubt man sich in einer alten Fabrikanlage, da ein hoher Schornstein draußen alles überragt. Doch die romanisch anmutenden Fensterbögen passen nicht so recht zu einer Fabrik. Das alte Kesselhaus ist ebenso prächtig und mächtig wie das Sudhaus. Das Rätsel des Schornsteins und des fabrikähnlichen Charakters klärt sich auf Nachfrage. Eine Heeresdampfwäscherei aus dem Jahr 1890 sei dies einmal gewesen, erklärt mir Braumeister Christian Metscher. Ein Dampfkessel der Garnison mit einer Stirnseite von 2,40 Meter Durchmesser ist ein weiteres Relikt aus Zeiten des Kaisers und der alten Waschanstalt.

Die Dimensionen sind wirklich imposant. Selten haben Gasthäuser in Berlin so viel Platz und solch einen riesigen Biergarten. Die Gäste kommen einfach herein und bestaunen die kupfernen glänzenden Braukessel. Ganz ungestört. Die gewaltigen Kessel stehen mitten im Gastraum. Eine Transparenz, wie man sie von

Brauereien sonst kaum gewohnt ist. Sogar den Verlauf der kupfernen Rohre kann man genau verfolgen. Das Bier kommt tatsächlich frisch gebraut von „gleich um die Ecke".

Besonders sympathisch finde ich, dass Brauer und Mälzer Christian Metscher gerne auch Brauereiführungen für blinde oder sehbehinderte Neugierige anbietet. Schließlich sind der Geruchs- und Geschmackssinn beim Brauen das Wichtigste. Und damit, das habe ich auf einer Führung erlebt, kennt sich der Brauer wirklich aus. Und dennoch: Die schöne Bernsteinfarbe des Spandauer Biers ist auch sehr wichtig, denn das Auge trinkt bekanntlich gerne mit. Von allen hopfenaromatischen Bieren des Brauhauses hat mich das Potz-Blitz Bier am meisten überrascht.

Biergarten des Brauhauses

Wer von der kleinen Brücke kommend nicht gleich auf das Brauhaus zusteuert, sondern sich rechts hält, wird unweigerlich am von Bäumen schattig umgrenzten Biergarten vorbeikommen. Dort sehe ich Gäste, deren Gaumen von etwas verwöhnt werden, das die Berliner sonst kaum auf ihren Speisekarten finden. Neben

Grünkohl-Brunch und der obligatorischen knusprigen Schweinshaxe wird hier nämlich auch Spandauer Lümmel serviert. Ein Fleischwurstring mit warmem Gurken-Kartoffel-Salat.

Die Gaststätten erstrecken sich über zwei Etagen. Wahlweise isst und trinkt man drinnen im Kesselhaus, in der Gassenschänke, im Sudhaus, auf einer Galerie, in den Braustuben, draußen im riesigen Biergarten oder auf der kleinen überdachten Raucher-Terrasse – auch so etwas gibt es noch in Spandau.

Stand-up-Paddling in Spandau

Info

Lage: Neuendorferstraße 1, 13585 Berlin

Anreise mit dem ÖPNV: Mit der U 7 bis zur Haltestelle Altstadt-Spandau. Über die Breite Straße gelangt man zur doppelspurigen Straße Am Juliusturm. Über eine kleine Gasse namens Behnitz geht man an der Kirche St. Marien vorbei zum Kolk und Möllentordamm und von hier aus geradezu über eine Brücke zum Brauhaus. Von der Haltestelle Altstadt-Spandau zum Brauhaus sind es nur zehn Minuten zu Fuß.

Öffnungszeiten: täglich 15 bis 20 Uhr

Eintritt: kostenlos

Website: *brauhaus-spandau.de*

HINWEIS: barrierearmer Haupteingang, rollstuhlgeeignet

5 Quentin Tarantinos Lieblingsdrehort

BESUCH IM FORT HAHNEBERG

Im äußersten Westen Berlins befindet sich an der Stadtgrenze ein altes Fort. Bis zum Mauerfall lag dieses Fort Hahneberg im Bereich der alten Sperranlagen der Grenzübergangsstelle Heerstraße. Doch heute kann es wieder besichtigt werden.

Ausgang zum linken Innenhof

Fauna und Flora konnten sich hier lange ungehindert ausbreiten. Erst seit 1990 erwachte das mittlerweile völlig von Pflanzen überwucherte Festungsgelände aus alten Ziegelsteinmauern aus seinem jahrzehntelangen Dornröschenschlaf. Wer aufgrund der Bezeichnung Fort die dicken Mauern einer Festungsanlage oder etwa hohe Verteidigungstürme erwartet, wird diese hier vergebens suchen. Denn dem Wort „fort" (französisch und lateinisch für stark) wird das Fort Hahneberg in anderem Sinn gerecht.

Die Festung erhebt sich nicht und streckt wehrhafte ihre Türme in den Himmel, sondern liegt derartig gut in die Hügellandschaft eingebettet, dass die sechseckige Anlage in ihrer Versenkung schon aus geringer Entfernung kaum mehr zu sehen ist.

Die 1882 begonnene Konstruktion des Forts fiel genau in eine Zeit, in der sich die Militärtechnik rasant weiterentwickelte. Und so waren die Tage von Fort Hahneberg bereits gezählt, als es 1888 ans Militär übergeben werden sollte. Denn die Zerstörungskraft, die neu entwickelte Geschosse entfalten konnten, hätten die Decken des Artillerieforts niemals überstanden.

IM WESTEN BERLINS

Kaserne in der Natur

Im Oktober 1893 zog die Disziplinarabteilung des Garde-Korps der Preußischen Armee in die Festung ein. Sie erhielt die Ausstattung einer Kaserne samt Küche, Werkstätten, Waffenlagern und Ställen. Militärisch genutzt wurde das Fort danach auch durch die Reichswehr, Schwarze Reichswehr und das Zentralarchiv für Wehrmedizin sowie als Standort der Luftüberwachung.

In der Neuzeit diente das Fort Hahneberg mehreren Filmdrehs als Kulisse, wie im Kriegsfilm „Douaumont – Die Hölle von Verdun" aus dem Jahr 1931.

Aber auch in Quentin Tarantinos US-amerikanisch-deutschem Blockbuster „Inglourious Basterds" (dessen englischer Filmtitel übrigens absichtlich falsch geschrieben wird) kam der wilde Charme der Festung und ihrer roten Ziegelmauern genau richtig zur Geltung. Im Jahr 2008 hatte Brad Pitt genau hier einen Auftritt, der in die Filmgeschichte einging. In einer typischen Tarantino-Szene lässt der von Indianern abstammende Lieutenant

Aldo Raine (Pitt) deutsche Soldaten skalpieren und ritzt ihnen ein dauerhaftes Schandmal in die Stirn, um sie für immer als Nazis zu kennzeichnen.

Nach diesem spektakulären Dreh diente das Fort immer wieder als Filmkulisse. So wurden selbst zu Pandemiezeiten hier noch Filme wie „Das Märchen vom goldenen Taler" gedreht. Doch das charmante Gemäuer hat noch andere Überraschungen zu bieten. An der Stelle, in der vor dem Zweiten Weltkrieg Segelflugzeuge gebaut wurden, finden seit einigen Jahren Krimilesungen und historische Feste statt. Und natürlich ist das Gelände mit seinen Ziegelsteinmauern, Gewölben und Gräben ein idealer Ort für Fledermäuse, die hier ihr Winterschlafquartier gefunden haben. Neben vielen geschützten Fledermaus-Arten findet man hier sogar die Großen Mausohren, die größten Fledermäuse im deutschsprachigen Raum.

Lage: Hahnebergweg 50, 13591 Berlin-Staaken

Anreise mit dem ÖPNV: Mit der U-Bahn-Linie 7 bis Haltestelle Spandau und dort mit dem Bus M37 oder vom Zoologischen Garten aus mit den Bussen M49, X49 zu den Haltestellen Reimerweg oder Hahneberg. Von dort gelangt man über schöne Wanderwege nach etwa 800 Metern zur Festung.

Öffnungszeiten: auf Anfrage, Tel. 030 31951920

Website: *forthahneberg.de*

HINWEIS: Neben Krimilesungen und historischen Festen finden nach der Winterpause der Fledermäuse ab April auch Natur- oder Fledermausführungen und Kinderschatzsuchen entlang eines Natur- und Geschichtslehrpfads statt.

6 Wasserleben und Wildnistraining

NATURSCHUTZZENTRUM ÖKOWERK BERLIN

Auf dem Gelände des ältesten erhaltenen Wasserwerks Berlins am Teufelssee lassen sich in einem Naturschutzzentrum Ringelnattern, Frösche und Eidechsen in ihrer natürlichen Umgebung beobachten. Besonders spannend sind Führungen, die durch die Maschinenhalle und in die unterirdischen Wasserspeicher führen.

IM WESTEN BERLINS

Teich des Ökowerks

Mitten im Grunewald, kaum hundert Meter vom Teufelssee entfernt, ragt eine Backsteinanlage von 1872 aus der Wildnis. In den historischen Hallen des ältesten, unter Denkmalschutz stehenden Wasserwerk Berlins kann man sich nicht nur über die zahlreichen Biotope des Naturparadieses und das Wasserwerk informieren. Das 1985 gegründete Naturschutzzentrum Ökowerk lädt auch zum Mitmachen ein. Besonders beliebt waren in den letzten Jahren Workshops zum Imkern. Denn Imkern ist nicht nur einfach das neue Yoga, wie es in einem Bonmot heißt, sondern für die Städter spielt die Umwelt, angesichts der rasanten Klimaerwärmung und dem Absterben ganzer Ökosysteme, eine immer wichtigere Rolle. Jeder kann sich im Ökowerk darüber informieren, wie es um die Berliner Trinkwasserförderung bestellt ist. Oder aber, wie man einen Amphibienschutzzaun an der Havelchaussee errichtet. Kinder können in den Teichanlagen des Ökowerks kleine Wassertiere und Frösche hautnah erforschen oder bei einem Spaziergang mit einer Biologin oder einem Ornithologen die Vogelarten der Region kennenlernen.

An kleine Abenteurer richtet sich ein in Kooperation mit Jugend im Museum durchgeführter Workshop, in dem es darum geht, zwei Tage lang in der Berliner Wildnis zu überleben. So ganz streng wie bei den Erwachsenen sind diese Überlebens-Trainings dann allerdings doch nicht. Kein Kind muss in der Berliner Wildnis zwischen Wildschweinen übernachten. Eltern sollten sich also keine Sorgen machen. Die Trainings laufen nur von 10 bis 16 Uhr. Doch das reicht um zu lernen, wie man sich im Wald einen wind- und regensicheren Unterschlupf baut oder ein lebensnotwendiges Messer aus grünem Holz schnitzt. Oder auch – ganz wichtig – wie man in den Berliner Wäldern Ess- und Trinkbares finden kann.

Laubfrosch

Rosenkäfer

Bei Erwachsenen besonders beliebt ist die Pilzberatung oder die Führung übers Gelände. Es findet auch eine Beratung zur naturnahen Gartengestaltung statt.Man lernt eine Menge bei der Führung durch die imposante Backsteinanlage mit ihrer Maschinenhalle, den historischen Pumpen und dem Windkessel. Oder wenn man sich zwischen Lehmteich und Kräutergarten einen biologischen Nutzgarten zeigen lässt. Ein Highlight ist der Blütenbesuchergarten. Die Farben und Düfte der Blumen locken nicht nur Menschen an. Über 120 Wildbienenarten sind hier emsig unterwegs.

Lage:
Naturschutzzentrum Ökowerk Berlin e. V., Teufelsseechaussee 22, 14193 Berlin

Anreise mit dem ÖPNV: S-Bahnhof Grunewald oder Heerstraße mit den LinienS3, S7, S9 oder den Bussen M19, 186 und 349 beziehungsweise 218, X34, X49 und M49 fahren. Von dort sind es noch drei Kilometer zu Fuß bis zum Ökowerk.

Anreise mit dem Auto oder Fahrrad: Am bequemsten erreichen Sie das Ökowerk über die Heerstraße und die Teufelsseestraße, an deren Ende sich ein Parkplatz befindet.

Öffnungszeiten: In den Sommermonaten (16. März bis 15. Oktober) Mittwoch bis Freitag 10 bis 18 Uhr, Samstag, Sonntag und Feiertag 12 bis 18 Uhr. In der Zeit vom 16. Oktober bis 15. März öffnet das Ökowerk von 11 bis 16 Uhr. Die aktuellen Öffnungszeiten finden sich auf der Homepage.

Eintritt: Die Besichtigung des Geländes ist kostenlos. Für Führungen oder Vorträge wird meist ein Beitrag von 2 bis 3 EUR, für Kinder von 1 bis 2 EUR erhoben.

Kontakt und Buchungen: Tel. 030 300005-0

Imbiss: Das Bistro im Ökowerk öffnet freitags, samstags, sonn- und feiertags von 12 bis 18 Uhr und ab 16. Oktober von 11 bis 16 Uhr.

Website: *oekowerk.de*

7 Willkommen im Mittelalter

KOLKVIERTEL

Berlin ist ja eine recht junge Stadt. Im Januar 1244 wird Berlin erstmals urkundlich erwähnt. Da aus dieser Anfangszeit fast nichts mehr erhalten ist, wird ein Besuch der ehemaligen Insel Behnitz, die umgangssprachlich Kolk genannt wird, zu einer echten Zeitreise.

IM WESTEN BERLINS

Wer in Berlin ein wenig Mittelalterflair schnuppern möchte, ist oft ratlos. Die Archäologen stoßen gelegentlich im ältesten Siedlungsgebiet der Stadt, im Nicolaiviertel in Berlin-Mitte, auf alte Überreste, die ihnen zeigen, wie die Menschen vor 700 Jahren gelebt haben. Doch das Nicolaiviertel taugt wenig für Fans von Rittern und Burgen. Längst überlagerten und verdrängten hier die Schichten der modernen Zeit die alten historischen Gemäuer. Ganz anders sah es dagegen vor den Toren von Berlin aus. Sogar eine richtige Burg gab es einst im Westen. Urkundlich erwähnt wurde diese Burg Spandau bereits 1197. Ab 1232 erhielt die Siedlung Spandau sogar verbriefte Stadtrechte und ist damit um genau zwölf Jahre älter als Berlin. Klar macht das die Spandauer stolz. Bis heute sagen sie, sie kämen aus Spandau bei Berlin.

Haus in der Straße Behnitz

Das Viertel Kolk ist heute der nördlichste und schönste Teil der Spandauer Altstadt. Doch kaum jemand ahnt, dass dieses Gebiet rund um die Straße Kolk und den Möllerntordamm bis 1875 gar nicht zu Spandau gehörte. Alles was man hier sieht, gehörte damals zu einem kleinen Fischerdorf namens Damm. Über holpriges Kopfsteinpflaster geht es hier an hübschen alten Fachwerkhäusern entlang. Bunt und windschief stehen sie hier im Gässchen, das ebenfalls den Namen Kolk trägt. Alle Häuser der Gasse sind frisch renoviert. Allein die um 1745 erbaute Alte Kolkschenke (Kolk Nr. 3) wirkt, als könnte das schiefe Haus jeden Moment in sich zusammenfallen. Es war über hundert Jahre

St. Marien am Behnitz

lang geöffnet. Seit 2013 ist das denkmalsgeschützte Gasthaus allerdings geschlossen. Allein das Wirtshausschild (man beachte die Schreibweise der „Schenke" mit „e") erinnert an die alten Zeiten.

Gleich daneben, im Haus Nr. 2, kam bei der Renovierung das alte Fachwerk zum Vorschein und Historiker konnten es dadurch auf eine Bauzeit um 1700 datieren. Im Haus Kolk Nr. 1 wurden Tonreliefs in die Fassade eingefügt, die aus dem Haus eines Schülers von Karl Friedrich Schinkel in Kreuzberg stammen. Die rostende Skulptur „Roland" vor dem Haus stammt vom Künstler Henri Wolff.

Nicht nur die Kopfsteinpflaster und die Fachwerkhäuser vermitteln Mittelalterflair. Auch St. Marien, die zweitälteste katholische Kirche Berlins, und ein Stück Stadtmauer aus dem 14. Jahrhundert erinnern an die alte Zeit. Am Hohen Steinweg im Behnitz sieht man den letzten Rest der alten Stadtmauer im Originalzustand. Der Hohe Steinweg war die erste gepflasterte Straße der Stadt Berlin und verband früher die Handelsroute von Polen bis ins Rheinland.

IM WESTEN BERLINS

Behnitz sagt den meisten Berlinern heute nichts mehr. Und fragt man nach der Insel Behnitz oder gar nach einem Berliner Fluss, der sich Rhein nennt, so zucken erst recht alle mit den Achseln. Kein Wunder. Den Fluss mit dem Namen „Deutscher Rhein" gibt es hier seit dem Jahr 1912 nicht mehr. Das gleiche Jahr, in dem auch die Insel Behnitz verschwand.

Typische Kolk-Häuser

Info

Lage:
Kolk, 13597 Berlin-Spandau

Anreise mit dem ÖPNV: Mit der U-Bahn-Linie 7 bis zur Haltestelle Altstadt-Spandau. Über die Breite Straße gelangt man zur doppelspurigen Straße Am Juliusturm. Über eine kleine Gasse namens Behnitz kommt man an der Kirche St. Marien zum Kolk und Möllentordamm. Von der Haltestelle Altstadt-Spandau zu den Fachwerkhäuschen sind es nur zehn Minuten zu Fuß.

Website: *spandau-tourist-info.de/behnitz-kolk*

HINWEIS: Geht man die Kolk-Straße geradeaus zur Havel weiter, gelangt man nach fünf Gehminuten ins historische Brauhaus. Dieses Gasthaus hat einen großen Biergarten unweit der Havel und wird in diesem Buch auf Seite 42 als Tipp 4 besprochen.

8 Zuflucht der Fledermäuse

ZITADELLE SPANDAU

Als mit der Entwicklung von Feuerwaffen mittelalterliche Burgen an Bedeutung verloren, bauten italienische Architekten ab 1559 die Burg Spandau zu einer gigantischen Festungsanlage um. 32 Jahre lang werkelte man an diesem Wunder der Renaissance, das mit seinen vier Bastionen aus dem Wasser der Havel aufragte. Die Zitadelle wurde damals zum Schutz der Residenzstadt Berlin errichtet und überstand den Dreißigjährigen Krieg, die Angriffe Napoleons und den Zweiten Weltkrieg gleichermaßen. Heute gilt die Zitadelle Spandau als eine der bedeutendsten und besterhaltenen Renaissancefestungen Europas.

Tausendseitige Bücher beschreiben all die fantastischen Dinge, die diese symmetrische und vollständig von Wasser umgebene Anlage auszeichnet. Deshalb möchte ich den Blick auf ein relativ unbekanntes Phänomen lenken. Denn eines der interessantesten Abenteuer, die man in der Zitadelle erleben kann, ist der Besuch der Fledermauskeller. So wie die Festung über die Jahrhunderte für die Bewohner Berlins als Zufluchtsort im Kriegsfall diente,

> **Wenn Berlin sich statt des Bären ein neues Wappentier wählen könnte, ständen die Chancen für die Fledermaus nicht schlecht. Denn Berlin ist auch Fledermaus-Hauptstadt. Und die Zitadelle Spandau ist der beste Ort, um diese Tiere zu erleben.**

Wassergraben der Zitadelle

sind die Gewölbe der Zitadelle nun jährlich Zufluchtsstätte für über 10.000 Fledermäuse. Die verwinkelten Gewölbekeller bieten ihnen eine Vielzahl an Verstecken und machen die alten Gemäuer damit zu einem der wichtigsten Fledermaus-Winterquartiere in Europa.

Die ehrenamtlichen Helfer des Berliner Artenschutz-Teams haben eine wirklich sehr hübsche Abkürzung. BAT heißt auf Englisch bekanntlich Fledermaus. Bei Führungen kann man

Fledermaus

Zitadelle Spandau

sieben heimische Arten bestaunen. Die Fransen- und die Wasserfledermaus oder das sehr imposante Große Mausohr, das es auf eine Flügelspannweite von bis zu 40 Zentimetern bringt. Mithilfe eines Detektors macht das Team die Fledermäuse für Besucher bei Führungen hörbar. Das Gerät wandelt die nicht hörbare Echoortung der Tiere in eine fürs menschliche Ohr wahrnehmbare Frequenz um. Mit den Ultraschallsignalen orientieren sich die Fledermäuse oder fangen ihre Beute. Wie auf dem Foto auf der nächsten Seite zu sehen, auf dem ein Braunes Langohr gerade eine Motte in Peilung hat. Wer das Braune Langohr in der Zitadelle sehen möchte, braucht besonders viel Glück, denn es zählt zu den seltensten Fledermäusearten weltweit. In den Schauge-

IM WESTEN BERLINS

Braunes Langohr auf Insektenjagd

hegen der Zitadelle flattern exotische, sehr seltene Fledermäuse. Nilflughunde zum Beispiel, die vor zweihundert Jahren in der Cheops Pyramide entdeckt wurden, als Napoleon gerade auf einer Stippvisite in Ägypten war. Mit ein bisschen Glück – weil einmalig auf der Welt – sieht man auch Kubanische Nektartrinker. Diese Fledermausart ernährt sie sich ausschließlich von frischem Obst. Also von wegen blutsaugende Vampire!

Lage:
Am Juliusturm 64, 13599 Berlin-Spandau

Anreise mit dem ÖPNV: Mit der U-Bahn-Linie 7 bis zur barrierefreien Haltestelle Zitadelle.

Öffnungszeiten: Freitag bis Mittwoch 10 bis 17 Uhr, Donnerstag 13 bis 20 Uhr

Website: *zitadelle-berlin.de*

HINWEISE:
- Der Fledermauskeller ist täglich von 12 bis 17 Uhr geöffnet. Weitere Informationen finden Sie auf der Seite des Berliner Artenschutz Teams, *bat-ev.de*
- Das Café Mätresse in der Zitadelle ist Montag bis Sonntag 11 bis 17 Uhr geöffnet und bietet Kuchen und leckere Kleinigkeiten.

9 Der schönste Liegeplatz

PICHELSWERDER UND DIE „ALTE LIEBE"

Im äußersten Süden der ehemaligen Insel Pichelswerder kann man nicht nur die „Alte Liebe" bewundern, ein ehemals beliebter Kaffeekahn, der nun abgewrackt im Schilf verrostet. Sondern auch Berlins geheimsten Sandstrand sowie einen außergewöhnlichen Ausblick, der schon den Maler Max Liebermann begeisterte.

IM WESTEN BERLINS

Wenn Sie dieses Kapitel wegen des geheimen Sandstrands und des außergewöhnlich schönen Liegeplatzes mit der tollen Aussicht ausgewählt haben, die über die Havel bis hinunter zum großen Wannsee reicht, dann muss ich Sie jetzt vorwarnen. Denn Sie sollten Hundeliebhaber sein, oder zumindest kein Hundehasser. Beide Attraktionen befinden sich innerhalb eines offiziellen Hundeauslaufgebietes. Vielleicht betrachten Sie sich zuerst einmal die Bilder und entscheiden dann. Denn ich persönlich habe mich dort noch nie von einem Hund oder einer Hündin belästigt gefühlt.

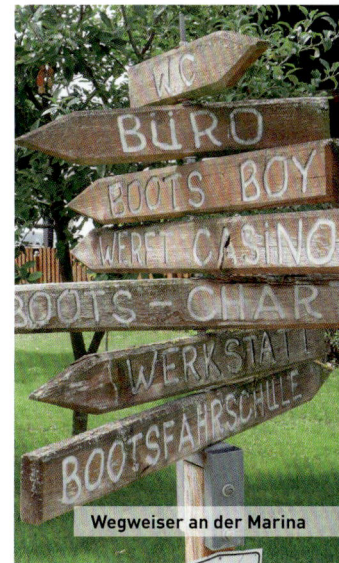

Wegweiser an der Marina

Die Halbinsel Pichelswerder ist dicht mit Laub- und Nadelbäumen bewaldet und seit 1936 Landschaftsschutzgebiet. Früher kam halb Berlin hierher, um in einem der unzähligen Lokale am Wasser oder einem der Restaurantschiffe den Abend kulinarisch und tanzend ausklingen zu lassen. Leider lässt man diese Tradition hier nicht wiederaufleben. Das ehemals beliebte Schiff „Alte Liebe" rostet friedlich vor sich hin. Bevor man aber den letzten Liegeplatz des Schiffes, die südlichste Spitze von Pichelswerder, erreicht, schnuppert man zuerst einmal reichlich maritimes Flair, falls man sich von der Heerstraße kommend für die rechte Variante des Rundwegs um die Halbinsel entscheidet.

Ein ganzes Schildermeer weist hier auf Segelclubs, Rudervereine, Kanuverleih, Werften und einen Rundumservice für alles um Bootsmotoren und Antriebe hin. Doch keine Sorge, es handelt sich nicht um einen belebten Hafen, sondern um eine ruhige Marina. Wer hier in der kleinen Laubenkolonie ein Häuschen sein eigen nennt, kann sich glücklich schätzen. Der Ausblick auf die

Segelboote und den Pichelssee ist jedenfalls sehr malerisch. Der weitere Weg führt weg von den Jachten und Segelbooten. Der eine oder andere Bootssteg ist noch zu sehen, doch dann geht der Rundweg in ein Waldgebiet über. Geht man den schmalen Pfad bis zur Südspitze Pichelswerders weiter, sieht man den bereits erwähnten Kahn „Alte Liebe". Es handelt sich um eine sogenannte Zille aus der Gruppe der Kaffenkähne. In ihrer Jugendzeit musste sie Kohlen, Sand und Ziegelsteine die Elbe rauf schleppen. Dann bekam sie in der Bucht von Lindwerder einen Ankerplatz und wurde zu einem romantischen Treffpunkt für Verliebte und Liebhaber der „Quetschkommode" (Akkordeon) und des Charleston. Im Zweiten Weltkrieg wurde sie tatsächlich ein Kriegsschiff, von einem Geschoss durchschlagen, um in den 1950ern ihre alte Bestimmung als Vergnügungskahn wieder aufzunehmen. 1970 brannte sie bei Schweißarbeiten in einer Spandauer Werft aus. Und nun liegt die „Alte Liebe" seit über 50 Jahren vertäut und verborgen am Ufer zwischen Wasserlilien.

Die „Alte Liebe"

IM WESTEN BERLINS

Weitblick auf der Pichelswerder Anhöhe

Einen anderen traumhaft schöner Liegeplatz (für Menschen) erreicht man über hölzerne Treppenstufen, die auf die Pichelswerder Anhöhe führen. Hier befindet sich das eingangs erwähnte beliebte Hundeauslaufgebiet am Stößensee. Aber eben auch jene elegant geformte Liege, die einen der allerschönsten Ausblicke in Berlin beschert.

Lage:
Südliche Halbinsel Pichelswerder, 13595 Berlin

Anreise mit dem ÖPNV: Mit der U-Bahn-Linie 2 Richtung Ruhleben bis zum Theodor-Heuss-Platz. Dort in den Bus M49 bis zur Haltestelle Pichelswerder. Der Rundweg um die Halbinsel beginnt am Siemenswerderweg.

Öffnungszeiten: durchgehend geöffnet

Imbiss: Die Waldschänke am Stößensee, Heerstraße 185, befindet sich in der Nähe der Bushaltestelle Pichelswerder.

Statue des Johann Amos Comenius

Im Herzen Berlins

10. Kleine Dinosaurier: in Berlins Aquarium
11. Einmal auftanken, bitte! Die FIT freie internationale tankstelle
12. Berlins künstlerisches Gewissen: Käthe-Kollwitz-Museum
13. Naturoasen und Vogelparadies: die Bergmann-Friedhöfe
14. Der Malerpoet: Kurt Mühlenhaupt Museum
15. Der erste Film der Welt: Varieté-Location Wintergarten
16. Haus der Zukünfte: Futurium
17. Kreuzberg ober- und unterirdisch: Viktoriapark
18. Heimathafen für die Kultur: Café Rix
19. Ehemalige Kiesgrube und Mietskaserne: Körnerpark und Comenius-Garten
20. Der Herr der Stifte: Lippenstiftmuseum
21. Kulinarische Botschaft Luxemburgs: De Maufel
22. Street-Art Alley: Haus Schwarzenberg
23. Flair des Südens: die Heckmann-Höfe
24. Dinieren zwischen Maschinen: Alte Pumpe
25. Konzertsaal im Wasser: Liquidrom
26. Tanzhaus mit Tradition: Clärchens Ballhaus

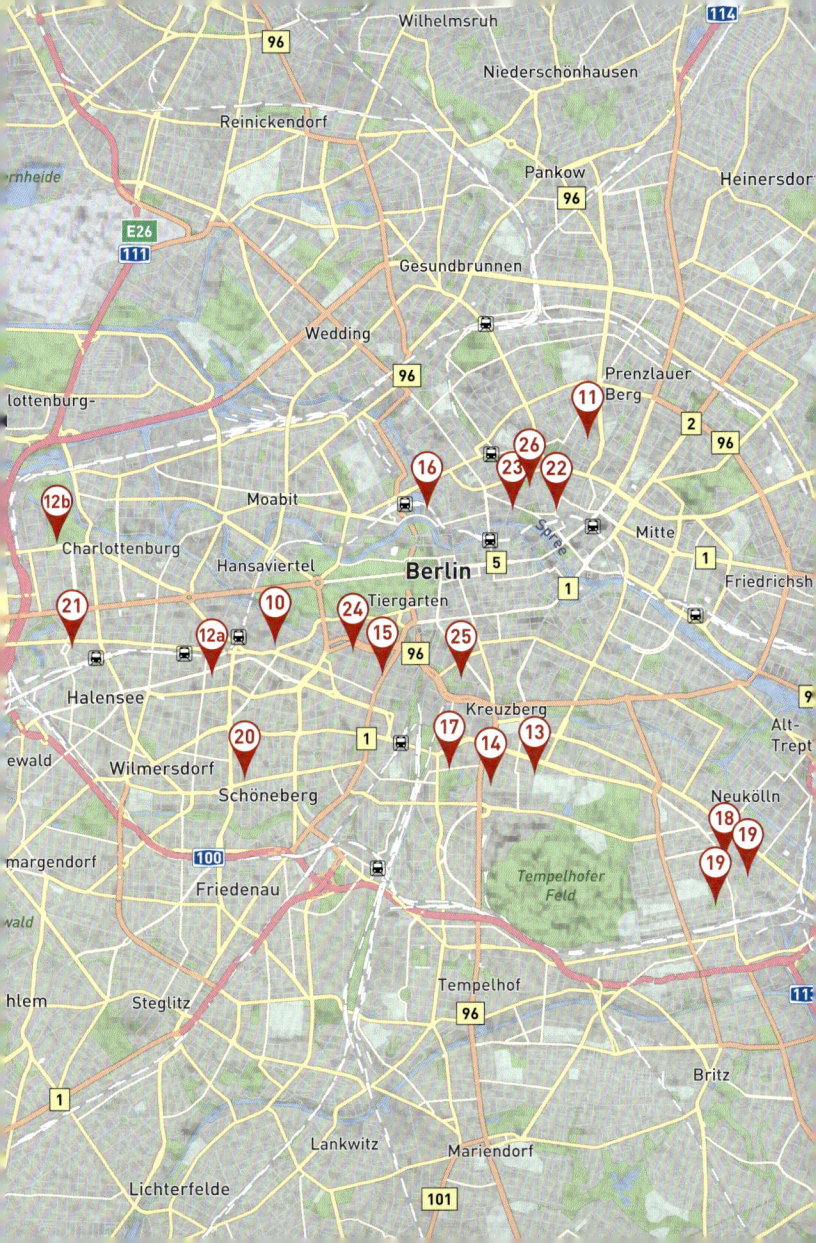

10 Kleine Dinosaurier

IN BERLINS AQUARIUM

Berlin besitzt eines der artenreichsten Aquarien der Welt. Doch erstaunlicherweise tummeln sich neben Fischen, Quallen und Krebstieren unweit eines Insektariums auch Krokodile. Und wo in der Welt wird man am Eingang schon von einem Dinosaurier empfangen?

IM HERZEN BERLINS

Wunderbar, einen Ort in Berlin vorstellen zu können, der jeden Tag im Jahr geöffnet hat. Selbst an Weihnachten und Ostern. Und somit wären für alle Besucher der Stadt schon einmal auch alle Regentage gerettet.

Obwohl es sich Aquarium nennt, handelt es sich beim größten Schauaquarium Europas natürlich um mehrere Aquarien. Um genau zu sein um 70. Hinzu kommen noch einmal insgesamt 98 Terrarien im Reptilien-Amphibien- und Insektenbereich. Bevor man aber zu den in bläulich schimmerndem Licht erstrahlenden Quallen oder den Krokodilkaimanen kommt, wird man an der imposanten Eingangspforte zuerst einmal von einem Tyrannosaurus Rex begrüßt. Auch über dem Eingang selbst ist noch einmal ein Stegosaurus zu sehen, der die Besucher drachengerecht anfaucht. Und diese hübsche Anspielung auf die Urzeit macht durchaus Sinn. Das Feeling, eine Art Jurassic Park zu betreten, kommt bereits auf, wenn man sieht, wie im größten Becken

Bodenguckerfische

Rotfeuerfisch

Pazifische Kompassquallen

Jemenchamäleon

Färberfrosch

Zitronenkugelfisch

des Aquariums die mächtigen Schaufelnasen-Hammerhaie und Schwarzspitz-Riffhaie ihre Bahnen ziehen. Doch erst einmal bietet das Aquarium Farbenpracht auf. Direkt hinter dem Eingang verzaubern japanische Koi-Zierkarpfen und bunte Korallenriffe die Betrachter. Hier im Erdgeschoss sind Fische, Korallen und Quallen zu Hause.

So richtig urzeitlich wird es dann im ersten Stockwerk bei den Brückenechsen, die eine der größten Sensationen des Aquariums sind. Man muss also nicht eigens in ihre Heimat Neuseeland reisen, um diese direkten Nachfahren der Dinosaurier zu sehen. Als lebende Fossilien haben die Brückenechsen große Ähnlichkeit mit den Dinosauriern, die vor etwa 200 Millionen Jahren lebten. Die faszinierenden Tiere können über hundert Jahre alt werden, doch leider schrumpft der Bestand auf den neuseeländischen Inseln rasant. Von der Art, die sich „Sphenodon guentheri" nennt, leben mittlerweile nur noch 300 Exemplare auf einigen vorgelagerten Inseln in

IM HERZEN BERLINS

Neuseelands Norden. Gut zu wissen, dass sich das Berliner Aquarium dem Artenschutz besonders verpflichtet fühlt.

Schwarzspitzenriffhai

Die kleinen scheuen Dinosaurier sind in der ersten Etage nicht leicht zu finden. Man sollte etwas Zeit und Geduld mitbringen, um eine Brückenechse in aller urzeitlichen Pracht zu erleben. Einfacher zu finden sind hier die Reptilien, die sich in der beliebten Krokodilhalle tummeln. Die begehbare Tropenhalle war übrigens vor hundert Jahren das erste für Besucher begehbare Tiergehege der Welt.

Lage: Budapester Straße 32, 10787 Berlin

Anreise mit dem ÖPNV: Die U-Bahnhöfe Zoologischer Garten und Wittenbergplatz sind etwa gleich weit vom Aquarium entfernt. Mit der U1, U2 und U3 kommt man zu beiden Bahnhöfen. Vom Zoo sind es über die Budapester Straße fünfzehn Minuten zu Fuß zum Eingang. Vom Wittenbergplatz kommt man über die Ansbacher und Kurfüstenstraße dorthin.

Öffnungszeiten: täglich 9 bis 18 Uhr. Der letzte Einlass ist um 17 Uhr.

Eintritt: Tageskarte Erwachsene 16 EUR, Kinder 4 bis 15 Jahre 8 EUR

Führungen: Taschenlampenführungen für Kinder und Erwachsene (unterschiedliche Termine)

Website: *aquarium-berlin.de*

HINWEIS: Brückenechsen auf youtube: *youtube.com/watch?v=zkknYlH5kxw*

11 Einmal auftanken, bitte!

DIE FIT FREIE INTERNATIONALE TANKSTELLE

An dieser einzigartigen Tankstelle im Prenzlauer Berg tankt man keinen Diesel und kein Benzin, sondern Ideen und Lebenslust. Spirit statt Sprit heißt das Motto dieses Kunstprojekts. Der Künstler Dida Zende nennt es eine soziale Skulptur. Was sich dahinter verbirgt, sollte man einfach mal erlebt haben.

Treffen an der FIT

Wer an der bunten, sehr auffälligen Tankstelle in der Schwedter Straße mit dem Motorrad oder seinem Auto Halt machen möchte, um zu tanken oder einen Ölwechsel vornehmen zu lassen, wird erstaunt feststellen, dass es keine Zapfsäulen und auch keine Werkstatt gibt. Die FIT freie internationale tankstelle, nach Angaben des Künstlers Dida Zende die zweitälteste Tankstelle Deutschlands, hat all das nicht zu bieten. Und auch keine Scheibenreinigung und keinen Reifenwechsel. Dafür steht sie unter Denkmalschutz, unter Ensembleschutz genauer gesagt, denn ebenso wenig wie das kleine Fachwerkhaus auf dem Grundstück darf auch die freie internationale tankstelle als Urgestein des Kiezes nicht angetastet werden.

Anstelle der Reinigung der Autoscheibe könnte man sich hier, sofern die mobile Sauna mal wieder vorfährt, einer Reinigung des Körpers und der Seele unterziehen und dadurch eine klare Sicht auf die Dinge des Lebens bekommen, die manche Großstädter gerne mal aus den Augen verlieren: Entspannung, Spaß, Lebensfreude und das gemeinsame spontane Feiern und Saunieren.

FIT freie internationale tankstelle

„Und Flaschenbier statt Normal und Super ..." sagte mir ein finnischer Besucher der Tanke. Die Finnen Berlins lieben diesen Ort.

„Selbst mal wieder auftanken ...", meint der Künstler Dida Zende, der Initiator dieses Projekts, „... selbst mal auftanken haben die Leute ja leider vergessen." Statt ständig im Leben nur auf dem Gaspedal zu stehen, geht es bei den Zusammenkünften, Kunstaktionen und Feiern an der FIT freie internationale tankstelle darum, mal runterzufahren und zu entschleunigen. Dazu bietet sich der alte Löschwagen der Feuerwehr wunderbar an, mit dem Dida Zende zweimal die Woche an der Tanke vorbeikommt. Das Innere des Feuerwehrwagens hat Zende in einem „künstlerischen Akt der Transformation" in eine Sauna verwandelt. Am frühen Abend wird dann für die Gäste aus der Stadt und die Nachbarschaft, die auch schon mal im Bademantel herüberschlurft, tüchtig angeheizt. Dazu hat der Künstler einen echten finnischen Saunaofen im Wagen installiert, der mit Buchenholz befeuert wird. Exil-Finnen lieben die Authentizität der wohl skurrilsten mobilen Sauna Berlins. „Da schweigt sich niemand an, wie das in

Deutschland in der Sauna sonst üblich ist", sagte mir ein Freund aus Turku.

Wenn sich Dida Zende auf Einladung des Goethe-Instituts mit seiner fahrbaren Sauna auf eine Spritz-und-Schwitztour nach Brüssel auf den Weg macht, müssen die Berliner Saunafreunde mal etwas warten. Dann treffen sich EU-Parlamentarier rund um den finnischen Saunaofen in seinem Feuerwehrauto, um bei der politischen Kunstaktion, „Sweating for Europe" schweißtreibende und gesellschaftsrelevante Themen der Zukunft zu erörtern.

Neben der mobilen Sauna finden an der FIT freie internationale tankstelle im Prenzlauer Berg auch Märchenlesungen für Kinder, Kunstausstellungen, Livemusik, Filmfestivals oder 3D-Kino statt. Und neuerdings wird, wenn es mal wieder heißt „Volltanken bitte!", neben den kühlen Getränken auch authentisches Asian Street Food gereicht. Denn das nächste Projekt, das Dida Zende und die FIT freie internationale tankstelle im Auge haben, ist ein Night Food Market nach asiatischem Vorbild.

Lage:
Schwedter Straße 262, 10119 Berlin-Prenzlauer Berg

Anreise mit dem ÖPNV: Vom U-Bahnhof Senefelder Straße sind es knapp fünf Minuten bis zur FIT.

Öffnungszeiten: durchgehend geöffnet

Eintritt: kostenlos. Die Veranstaltungen werden über Spenden gedeckt.

„Einmal volltanken bitte": Saunabetrieb Mittwoch und Sonntag 19 bis 23 Uhr. Weitere Infos unter Tel. 0170 3526450

Website: *www.f-i-t.org*

12 Berlins künstlerisches Gewissen

KÄTHE-KOLLWITZ-MUSEUM

Berlins herausragende und berühmteste Künstlerin Käthe Kollwitz wird in der Stadt nach wie vor sehr verehrt. Die frühe Vorreiterin für Pazifismus und Menschenrechte lebt in den Herzen der Menschen weiter, an vielen Orten in Berlin.

IM HERZEN BERLINS

Käthe Kollwitz, die Malerin, Grafikerin und Bildhauerin ist längst zu einer Ikone der Stadt geworden, in der sie fünfzig Jahre lang lebte und arbeitete. Die ehemalige Weißenburger Straße im Bezirk Prenzlauer Berg, in der sie damals wohnte, heißt heute Kollwitzstraße. Es gibt mittlerweile einen Kollwitzplatz und natürlich auch einen Kollwitzkiez. Wenn man möchte, kann man bei einem Gang durch Berlin den Werken der Künstlerin Käthe Kollwitz viele Male begegnen.

Selbstbildnis von Käthe Kollwitz

Als größtes und bekanntestes Werk und Mahnmal gilt ihre „Pietà" in der Neuen Wache Unter den Linden 4. Hier, wo einst übergroß das Staatswappen der DDR prangte, sieht man in einem großen Innenraum die Plastik einer um ihren Sohn trauernden Mutter. Es handelt sich um das Motiv einer Bronzeplastik von Käthe Kollwitz, das der Bild-

Pietà 1937-38

Die Klage 1938-40

hauer Harald Haake eindrücklich auf 1,60 Meter vergrößert hat. Die Muttergestalt mit ihrem toten Sohn soll in der Neuen Wache an die Opfer von Krieg und Gewaltherrschaft erinnern. Doch das Werk ist auch in Erinnerung an den eigenen Sohn Peter geschaffen worden, der im Ersten Weltkrieg nach nur zwei Fronttagen in Flandern fiel.

Wer sich in Ruhe mit den Arbeiten und dem Leben von Deutschlands bedeutendster Bildhauerin und Grafikerin auseinandersetzen möchte, kann das im Käthe-Kollwitz-Museum tun. Als erste Frau in der Preußischen Akademie der Künste steht sie bis

Mutter mit zwei Kindern vor dem Museum

IM HERZEN BERLINS

heute für ein Werk, das sich der sozialen Ungleichheit und dem Kampf gegen Unterdrückung und Armut gewidmet hat. Das Charlottenburger Käthe-Kollwitz-Museum präsentiert Zeichnungen und Drucke, bildhauerische Werke sowie den berühmten Holzschnitt-Zyklus über den Krieg. Ein Ort, an dem man die Künstlerin auch von ihrer persönlichen Seite kennenlernen kann. Zum Kern der Sammlung gehören Selbstporträts aus fünfzig Jahren Schaffenszeit.

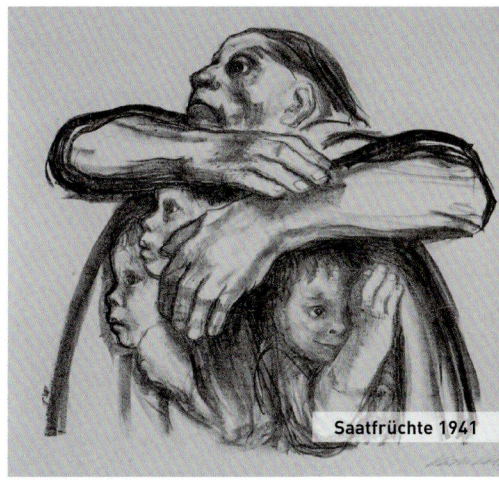
Saatfrüchte 1941

Lage:
Fasanenstraße 24, 10719 Berlin-Charlottenburg; ab 2022 im Theaterbau am Schloss Charlottenburg, Spandauer Damm 10-22, 14059 Berlin

Anreise mit dem ÖPNV: Zur Fasanenstraße: Buslinien 109, 110, 249, M19, M29, X10, U-Bahn-Linien U1 (bis Uhlandstraße), U9 (bis Kurfürstendamm). Zum Spandauer Damm: Mit der U7 bis zur Haltestelle Richard-Wagner-Platz. Von dort sind es zehn Minuten zum Charlottenburger Schloss und zum Kollwitz-Museum.

Öffnungszeiten: täglich 11 bis 16 Uhr

Eintritt: 7 EUR, ermäßigt 4 EUR

Website: *kaethe-kollwitz.berlin*

13 Naturoasen und Vogelparadies

DIE BERGMANN-FRIEDHÖFE

Kaum zu glauben, wie viel Leben sich auf einem Friedhof tummeln kann. An der Bergmannstraße zeigt sich in einem von Biologen betreuten Projekt besonders schön, wie nützlich und wertvoll Naturschutz für Metropolen ist.

IM HERZEN BERLINS

Wer von der belebten Bergmannstraße inmitten von Kreuzberg einen der vier Eingänge in dieses Naturparadies benutzt, traut seinen Ohren nicht. Über einem zwitschert, pfeift und singt es in den Bäumen. Überall brummt, zilpt, summt und krächzt es wild durcheinander aus Büschen und Sträuchern. Willkommen also auf den vier Bergmann-Friedhöfen, einem der eher unerwarteten Naturparadiese Berlins. Es verwundert nicht, dass Biologen längst auf dieses überraschend vielfältige Stück Naturpark aufmerksam geworden sind. Neben Rotkehlchen, Grauschnäppern und Kleibern werden hier regelmäßig auch Habichte und Turmfalken gesehen. Und Füchse.

Turmfalke

Fuchs

Friedhöfe sind offenbar lebendiger, als man denkt. Der Naturschutzbund Deutschland (Nabu) hat deshalb für die Besucher sieben Infotafeln aufgestellt, die über die Naturvielfalt informieren. Den Besuchern wird empfohlen, auf den Wegen zwischen den teils monumentalen Grabbauten mal genauer hinzusehen und hinzuhören.

Kleiber

Das neue Konzept, die Friedhöfe an der Bergmannstraße langsam zu Naturparks zu machen, die zur Erhaltung der Artenvielfalt

Habicht

beitragen, könnte man sicherlich nicht überall in Berlin verwirklichen. Doch siehe da, Andacht und Trauer vertragen sich wunderbar mit Kinderstimmen und Vogelkonzerten. Tod und Leben gehören auf dem über 20 Hektar großen Areal eng zusammen. Und weil eben so viel Leben in einem abgestorbenen Baum sein kann, wird dieser hier auch einfach mal liegengelassen. Ein Baumstumpf verrottet. Etwas, das an Orten nicht möglich wäre, an denen eine strengere Friedhofsordnung herrscht, die Totholz auf Friedhöfen verbietet. An solchen Orten gibt es dann allerdings auch keine 200 Arten holzbohrender Käfer und keine Schulklassen, die sich plötzlich für den Besuch von Friedhöfen begeistern.

Doch in Kreuzberg hört man auf den Rat der Biologen. Und so brüten mittlerweile hier auch seltene Arten wie der Grünspecht, die Heckenbraunelle und der Grauschnäpper. Und die Grab-

Pflanzenhandlung

pfleger putzen längst nicht mehr jeden kleinen Flecken von den Grabsteinen. Denn oft handelt es sich bei dem grünbraunen Belag um Flechten, einer Symbiose aus Algen und Pilzen. Und gerade auf Friedhöfen kann es davon, bei guter Pflege, Tausende Arten geben.

Das Gelände steigt leicht nach Norden an, da es sich um die Hänge ehemaliger Weinberge handelt. Wer im nördlichen Teil spazieren geht, wird sich über den Geruch von Zapfen und Kiefern freuen und über bunte Bienenstöcke. Die Wildbienen lieben die Blüten der ungemähten Wiesen genauso wie die hier nistenden Vögel. Es lohnt sich also hier auf den vier Bergmann-Friedhöfen mal genauer hinzuschauen und hinzuhören. Überall ist hier Leben zu entdecken. Sogar an Bordsteinkanten und in Baumhöhlen. Natur erleben auf Friedhöfen, das funktioniert wunderbar.

Lage: Bergmannstraße 39-41, 10961 Berlin

Anreise mit dem ÖPNV: Mit der U7 bis zur Haltestelle Südstern. Von hier sind es zu den vier Friedhöfen in der Bergmannstraße nur wenige Gehminuten. Es gibt mehrere Eingänge auf der linken Seite.

Öffnungszeiten: täglich 8 bis 20 Uhr

Eintritt: kostenlos

Restaurant: Direkt auf dem Friedhofsgelände bietet das hübsche Café Strauss mit seiner kleinen Terrasse einen idealen Ort um einzukehren. Angeboten werden neben dem selbst gerösteten Kaffee auch Kuchen, Snacks und Gebäck; Dienstag bis Sonntag 10 bis 17 Uhr; Bergmannstraße 42, 10961 Berlin, Tel. 030 69564453

Website: *bergmannfriedhoefe.de*

HINWEIS: Die Friedhöfe sind rollstuhlgeeignet.

14 Der Malerpoet

KURT MÜHLENHAUPT MUSEUM

Der Maler mit dem roten Hut war eines der letzten echten Kreuzberger Originale. In seinen Bildern verbirgt sich der typische Berliner Humor. Einer seiner schönsten Sprüche lautet: „Wenn ick dicke Beene male, sind die schön." Jetzt gibt es in Berlin-Kreuzberg endlich ein Museum.

IM HERZEN BERLINS

Galerie im Kurt Mühlenhaupt Museum

Ich liebe die Stimme von Katharina Thalbach und folge dieser Stimme gerne durch Kreuzberg. Genauer gesagt folge ich einem Audioguide, den das Kurt Mühlenhaupt Museum im Januar 2021 anlässlich des 100. Geburtstages des 2006 verstorbenen Malers herausgegeben hat. Darauf sind 18 Geschichten aus der Feder von Kurt Mühlenhaupt zu hören. Da spricht die Thalbach davon, dass „der Alkohol am Chamissoplatz schon immer reichlich floss. Auch heute wird man hier nicht verdursten, doch anstatt Schultheiss und Korn, bekommt man Cocktails und Weine. Alles ist schnieker geworden und man besucht Bar oder Trattoria anstatt Kneipe oder Stampe".

Immer wieder hört man einen dieser wunderbaren Sprüche des Malers, der schließlich Wert darauf legte, die Dinge so zu malen, wie sie waren. Als Wirt der Kreuzberger Künstlerkneipe Leierkasten hatte er bis 1967 viel Gelegenheit sich unters Volk zu mischen und die Menschen zu beobachten. Damals wohnten im Kreuzberger Kiez fast ausnahmslos Arbeiterfamilien – später aus der Türkei –, aber auch viele Künstler. Es gab tatsächlich noch so etwas wie „dit Milljöh".

Im neuen Kurt Mühlenhaupt Museum betrachtet man die Bilder, und es fällt auf, dass Kurtchen, wie er von Freunden genannt wurde, tatsächlich selten ohne Hut auf die Straße gegangen ist. So sieht man ihn auch immer wieder auf seinen Selbstportraits und selbst auf den letzten Bildern, die ihn als älteren Herrn im Wiedervereinigungstaumel zeigen, ausnahmslos nur mit Hut.

Kurt Mühlenhaupt Museum

Nach 1945 bot sich Mühlenhaupt eine Chance, das Kriegstrauma, das er als Soldat erlebt hatte, durch die Malerei zu verarbeiten. Mühlenhaupt gehörte zu einem Jahrgang, von dem nur jeder Zehnte den Krieg überlebte. Als Fallschirmjäger wurde er schwer verwundet. Die Kriegsjahre wollte er durch die Malerei endlich hinter sich lassen. Doch er brach das Studium ab und wurde Tierzüchter. Warum? Weil sein Lehrer Karl Schmidt-Rottluff zu ihm gesagt haben soll: „Sie sind zu grau, können nicht mit Farben umgehen."

Doch das Malen lag Mühlenhaupt im Blut, er machte einfach weiter und malte Menschen aus seinem Milieu. Die sogenannten kleinen Leute. Straßenfeger, Handwerker, Putzfrauen, Kellner, Bettler und Dirnen. Der Kreuzberger Kiez war die Quelle seiner Kunst. Auf einem Selbstportrait schwingt er selbstbewusst den Pinsel, als wollte er sagen: „Ich male, also bin ich." Während der Zeit der Berliner Mauer ab den 1960er-Jahren wurde ganz West-Berlin zu seinem Revier. Er malte Studenten und Proletarier, Künstler und türkische Einwanderer. Tagsüber betrieb er einen Secondhand-Laden und blieb nachts auf, um zu malen.

IM HERZEN BERLINS

Im Museum sieht man auch Zeichnungen, auf denen Hunderte Bilder mit Tiermotiven zu sehen sind. Immer wieder Katzen, Schweine, Hunde und Enten. Eine frühe Sehnsucht, die sich später dann tatsächlich erfüllte, als Kurt Mühlenhaupt mit seiner Frau ins brandenburgische Umland nach Bergsdorf in ein altes Bauernhaus zog und es zum Atelier-Museum machte. Einige der ehemals dort zu sehenden Werke sind nun heute zurück nach Berlin gewandert.

Kurt Mühlenhaupt an der Handpresse

Im Atelier am Chamissoplatz

Info

Lage:
Fidicinstraße 40, 10965 Berlin-Kreuzberg

Anreise mit dem ÖPNV: Mit der U-Bahn-Linie 6 bis zum Bahnhof Platz der Luftbrücke. Von hier dem Mehringdamm Richtung Innenstadt bis zum Abzweig Fidicinstraße folgen. Etwa zehn Gehminuten.

Öffnungszeiten: Freitag und Samstag 14 bis 18 Uhr und nach Vereinbarung, Tel. 030 61627505

Website: *muehlenhaupt.de*

15 Der erste Film der Welt

VARIETÉ-LOCATION WINTERGARTEN

Eins vorweg: Natürlich hätte ich zahlreiche wichtige andere Bühnen für dieses Buch erwählen können. Mikroabenteuer, die verzaubern, erlebt man schließlich an zahlreichen Orten in Berlin. So zum Beispiel in der Schaubühne, wenn sich Lars Eidinger als Bauerssohn Peer Gynt auf buntabenteuerlicher Suche nach sich selbst begibt und sich danach, völlig erschöpft, noch über zwei Stunden den Fragen des Publikums stellt. Oder in der Bar jeder Vernunft, wo ich zuletzt der unvergleichlichen, zum Niederknien prachtvollen Anna Mateur gelauscht habe. Grandios. Diese Frau ist ein einziges stimmgewaltiges mutmachendes Aufputschmittel.

Wer in Berlin anspruchsvolle Varieté-Shows mit Akrobatik, Comedy, Musik, Magie und Tanz sehen möchte, sollte sich den Wintergarten nicht entgehen lassen. Doch der Wintergarten ist mehr. Kaum jemand ahnt, dass hier der erste Film der Welt gezeigt wurde. Darin zu sehen: ein boxendes Känguru.

Und im Wintergarten führt nun 2021 die unnachahmliche Ute Lemper durch ihr neues Programm „Rendezvous with Marlene". Es war im Jahr 1988 in Paris, als Ute Lemper drei Stunden lang mit Marlene Dietrich telefonierte. Eigentlich wollte sie sich nur bei ihr dafür entschuldigen, dass die Medien sie permanent mit Marlene Dietrich vergleichen. Doch im langen Telefonat sprechen sie auch über Liebesgeschichten, den Ruhm, ihre

Wintergarten

Arbeit und ihre Liebe zu Rilke. Ute Lemper wird in ihrer Show Marlenes Lieder aus allen Kapiteln ihres Lebens singen.

Der seit 1887 existierende Wintergarten wurde von Ute Lemper gut gewählt. Die nach dem Vorbild der berühmten Wiener Varietétheater gebaute Spielstätte entwickelte sich sehr früh zu einer Bühne von Weltruhm. Man stelle sich heute nur einmal die leider nicht mehr vorhandene gläserne Kuppel vor, die sich über dem 75 Meter langen Raum wölbte. Mit über 3000 Plätzen wurde der Wintergarten in den Goldenen Zwanzigern zu einem der größten Theater Europas. Die berühmte Diseuse Claire Waldoff war hier zu sehen und der unnachahmliche Coupletsänger Otto Reutter. In den 1990er-Jahren verzauberten dann, um nur einige zu nennen, André Heller und Max Raabe das verwöhnte Berliner Publikum.

Was aber leider immer vergessen wird: An diesem Ort südlich der Friedrichstraße wurde auch Geschichte geschrieben. Kulturgeschichte! Filmgeschichte! Denn genau hier fand eine der größten Premieren statt. Leider ist dies völlig in Vergessenheit geraten, weshalb man einem der schönsten Abenteuer in Berlin genau hier nachspüren kann. Bevor das Haus zu einer Varietébühne wurde, gab es hier ein Filmtheater namens Wintergarten. In diesem Lichtspielhaus zeigten die Brüder Skladanowsky 1885 den allerersten Film der Welt. Ein boxendes Känguru war dort zu sehen. Und auch wenn die australische Regierung

Das sündige Ensemble von „2020 – Die 20er-Jahre Varieté Revue"

IM HERZEN BERLINS

bis heute behauptet, ein Känguru könne nicht rückwärts hüpfen, so zeigte dieser erste Film im Wintergarten in Berlin auf grandiose Weise das Gegenteil. „Oh yes, they can hop backwards". Denn schließlich ist der Wintergarten ein magischer Ort.

Der neue Wintergarten, seit 1992 an der Potsdamer Straße

Lage:
Potsdamer Straße 96, 10785 Berlin

Anreise mit dem ÖPNV: Mit der U1 oder U3 bis zum Bahnhof Kurfürstenstraße. Von hier aus sind es ca. 15 Gehminuten bis zum Wintergarten.

Öffnungszeiten: Theaterkasse Montag bis Freitag 12 bis 18 Uhr; Tickethotline: Tel. 030 588433

Website: *wintergarten-berlin.de*

HINWEIS: Der Wintergarten ist barrierefrei und verfügt über einen rollstuhlgerechten Lift.

16 Haus der Zukünfte

FUTURIUM

Wie wollen wir in Zukunft leben? Das Futurium im Herzen Berlins ist ein neuartiger, wunderbarer Ort, der sich ganz dieser Frage verschrieben hat. Und jeder ist aufgerufen, diese Zukunft mitzuentdecken, zu erforschen, zu diskutieren – vor allem aber mitzugestalten.

IM HERZEN BERLINS

Futurium Lab

Ach wie schön, ganz zukunftsgerecht wird man in Deutschlands einzigem Zukunftsmuseum von einem kleinen Roboter empfangen. Pepper heißt der niedliche Kleine, und als ob er meine Gedanken lesen könne, schrumpft er auch mich, den neugierigen Autor, und begrüßt mich mit „Hallo Menschlein". Da das Futurium Denkanstöße vermitteln möchte, wird man, sobald man die Ausstellungsräume betritt, sogleich mit Fragen konfrontiert. „Muss ich in Zukunft noch arbeiten?", steht auf einer futuristisch anmutenden Lichtwand. Besonders gut aber gefällt mir: „Wie sieht das Glück von morgen aus?" Fragen über Fragen, die uns alle zukünftig beschäftigen werden.

Wie wollen wir in Zukunft leben? Wie werden wir arbeiten, lernen, reisen und wohnen? Wie werden wir uns ernähren? Wird es einer künstlichen Intelligenz gelingen, vollends zu begreifen, wer ihre Schöpfer sind? Seit es die Wissenschaft der Zukunftsforschung gibt, sind die Wahrsager, sorry, die Zukunftsforscher, etwas bescheidener geworden, was die Antworten auf all diese Fragen betrifft. Denn weil Milliarden von Menschen die Zukunft mitgestalten und beeinflussen können, wird es auf all diese Fragen nicht eine Antwort, sondern sehr viele Antworten geben. Klar, die eine „definitive Zukunft" kann schlecht gedacht werden. Viele Szenarien sind möglich. Deshalb ist die Bezeichnung Haus der Zukünfte für das Museum durchaus gerechtfertigt.

Zentraler Blickfang des Futuriums ist die Ausstellung über die drei Kräfte, die unsere Zukunft maßgeblich bestimmen wer-

Noosphere

den: die Natur, der Mensch und die Technik. Sie können in drei Denkräumen erforscht werden. Immer wieder sieht man Objekte, die zwischen Wissenschaft und Kunst angesiedelt sind. Besonders eindrücklich ist dabei die interaktive Installation „Noosphere" des kanadischen Architekten Philip Beesley. Sobald man sich dieser beinahe außerirdisch anmutenden, glasartigen Wolke nähert, die friedlich unter der Decke schwebt, beginnt dieses Wolkenwesen zu reagieren. Wirklich spooky. Ein Schritt, eine Geste und der glitzernde Alien erwacht und schaltet seine Lichtneuronen ein. „Hallo Fremder, ich sehe dich", soll das wohl heißen.

Synthetische Biologie aus dem 3-D-Drucker, Roboter-Menschen, begrünte Hochhäuser, Zimmer, die sich verwandeln können, Wasserstoff aus einer Algenfabrik – man müsste ein eigenes dickes Buch schreiben, um alle Ideen aufzuzählen, die hier zu entdecken sind. Einige dieser Einfälle und Erfindungen sind auch von Besuchern ins Futurium gebracht worden. Erwachsene und Kinder, Wissenschaftler und Künstler kommen hier in Workshops zusammen. Es gibt, das wird mir klar, unendlich viele Möglichkeiten über Zukunft nachzudenken.

Kann man Kiefernzapfen für Gebäudefassaden nutzen? Wird es zukünftig fliegende Windkraftdrachen geben? In den sogenannten Zukunftslabs kann übrigens jeder nicht nur zuhören und zuschauen, sondern auch selbst mitmachen. Faszinierend zu sehen, wie beispielsweise Roboterarme Türme aus Lehm bauen.

Wie sie das machen? Sie drucken Architektur aus Lehm. Schicht für Schicht, bis komplexe Türme entstehen. Das Futurium ist ein fantastischer Ort. Wie würde Commander Spock dazu sagen? Faszinierend.

Ausstellung im Futurium

Lage:
Alexanderufer 2, 10117 Berlin

Anreise mit dem ÖPNV: Mit Bussen, der Tram, Regionalbahn, U- oder S-Bahn zum Hauptbahnhof in Berlin. Von dort aus sind es nur fünf Gehminuten zum Futurium.

Öffnungszeiten: Freitag bis Montag, Mittwoch 10 bis 18 Uhr, Donnerstag 10 bis 20 Uhr. Dienstag geschlossen; Tel. 030 408189777

Eintritt: kostenlos

Website: *futurium.de*

HINWEIS: barrierearmer Haupteingang, Aufzug zu Obergeschoss und Untergeschoss, Angebote im Futurium Lab sind rollstuhlgeeignet.

17 Kreuzberg ober- und unterirdisch

VIKTORIAPARK

Im Kreuzberger Viktoriapark gibt es tatsächlich ein kleines Gebirge. Außerdem eine Wolfsschlucht, einen kleinen Zoo und Weinreben. In den Kronen der Bäume nisten Habichte und unter dem spektakulären Wasserfall liegen in einem Berg geheimnisvolle Kunstschätze verborgen.

IM HERZEN BERLINS

Nur wenige Schritte sind es vom verkehrsreichen Mehringdamm hinüber in den ruhigen Viktoriapark. Am Wasserfall, der über 24 Meter vom Kreuzberg hinabraust, sitzen im Hochsommer Familien beim Picknick auf den Felsen. Kinder hüpfen durchs Wasser und kühlen sich in der Gischt. Eine etwas alpine Stimmung inmitten von Kreuzberg. Von unten sieht man bereits das patinagrüne Nationaldenkmal des Architekten Karl Friedrich Schinkel, das sich oben auf dem Kreuzberg erhebt. Bei

Schinkels Nationaldenkmal

der Einweihung des Denkmals, das im Andenken an die Befreiungskriege gegen Napoleon errichtet wurde, erhielt 1821 die größte Erhebung der Berliner Innenstadt auch gleich ihren bis heute bekannten Namen: Kreuzberg. Man hatte Napoleon vertrieben, der Zar war zu Besuch und man bekrönte feierlich den Kathedralenturm auf dem Gipfel mit einem Eisernen Kreuz.

Vorher hieß dieser 66 Meter hohe Berg schlicht Sandberg oder Götzescher Weinberg. Denn im Mittelalter wurde hier Wein angebaut. 1450 gab es hier über hundert Winzer und man exportierte den Wein bis an den Zarenhof. Der Weinanbau ist hier Tradition, an die man seit fünfzig Jahren wieder anknüpft. Es war die Kreuzberger Partnerstadt Wiesbaden, die dem Bezirk damals fünf Rebstöcke schenkte. Der Weißwein, der hier am Nordhang wächst, heißt nun in Erinnerung an die Gönner aus Wiesbaden Kreuz-Neroberger. Neuerdings gedeihen an den Sonnenhängen auch Rotweinreben.

Unweit des Wasserfalls führen erste Wege in den Park. Wer sich im steilen Gelände und engmaschigen Wegenetz erst mal rechts

Platten der Münzfriese ...

... von Johann Gottfried Schadow

orientiert und nicht gleich hinauf auf den Kreuzberg geht, kommt an einem großen Spielplatz, einem Tiergehege und großen Liegewiesen vorbei. Etwas versteckt verbirgt sich die Wolfsschlucht im Park. Etwas Schwarzwaldfeeling kommt auf. Man muss nur dem Plätschern des Wassers folgen, das hier aus drei Quellen in einen Tümpel fließt. Einige der Pflanzen, die hier im stillen, verträumten Tal wachsen, gibt es deutschlandweit nur hier. Weiter oben sollte man die Kronen der Rosskastanien und Roteichen im Auge haben, denn hier haben Habichte und Bussarde ihr Revier.

Nicht über, sondern unterhalb der Erde verbirgt sich im Viktoriapark ein echtes Geheimnis und absolutes Highlight. Unter dem Kreuzbergdenkmal liegt nämlich ein verborgenes Reich, das nur gelegentlich seine Pforten öffnet. Um die Kunstschätze der Stadt wie Friese und Statuen aus Sandstein oder Marmor vor Verwitterung zu schützen, legte man in den 1980er-Jahren im Berg ein Lapidarium an. Der Sockel des Kreuzbergdenkmals wurde so zu einem Depot für bedeutende bildhauerische Arbeiten. Lange wurden hier die Sicherungskopien der Quadriga-Pferdeköpfe der Quadriga vom Brandenburger Tor aufbewahrt. Das wertvollste Werk aber ist der

Sandsteinfries aus der Werkstatt von Johann Gottfried Schadow, der einst die Neue Münze, die Berliner Münzprägeanstalt, schmückte. Bei einer Führung durch den unterirdischen Raum fühlt man sich an eine Kathedrale erinnert oder an Indiana Jones und einen unterirdischen Tempel der Kunst.

Gipsabformungen der Siegesgenien im Sockelgeschoss

Lage: Kreuzbergstraße 71, 10965 Berlin

Anreise mit dem ÖPNV: Mit den U-Bahn-Linien 6 oder 7 bis zur Haltestelle Mehringdamm. Nach 200 Metern zweigt die Kreuzbergstraße rechts ab. Zum Viktoriapark sind es noch einmal ca. zehn Minuten zu Fuß.

Öffnungszeiten: durchgehend geöffnet

Restaurant & Biergarten:
- Golgatha: Etwas versteckt, aber sehr lohnenswert, denn auch bei großer Hitze ist im Biergarten Golgatha an der Katzbachstraße ein schattiges Plätzchen zu finden. Auch der Grill ist von 9 Uhr bis tief in den Morgen geöffnet; *golgatha-berlin.de*

Führungen: Wer die verborgenen Schätze unter dem Schinkel-Denkmal entdecken will, sollte eine zweistündige Führung buchen. Karten können im FHXB Friedrichshain-Kreuzberg Museum erworben werden. Die Abfrage zur Kartenverfügbarkeit ist möglich unter Tel. 030 50585232.

18 Heimathafen für die Kultur

CAFÉ RIX

Niemand würde heute erkennen, dass die Kulturstätte Saalbauten samt Café Rix im Herzen Neuköllns einmal eine Pferdewechselstation war. Heute tauscht man hier die neuesten Nachrichten aus, genießt einen Caffè lungo oder verlegt, wie der Autor dieses Buches, seinen Arbeitsplatz in das edle Ambiente einer palmengeschmückten Ecke.

IM HERZEN BERLINS

Lange hatte Neukölln durch seine Randlage während Westberliner Zeiten einen schwierigen, etwas schäbigen Ruf. Heute noch denken manche bei Neukölln zuerst an den Problemkiez und sozialen Brennpunkt. Doch wer sich heute nur einige Schritte von der belebten Karl-Marx-Straße Richtung Böhmisch Rixdorf entfernt, wird staunen, wie vielfältig, lebendig und überraschend sich der Kiez zeigt. Vom Café Rix aus befinden sich im Umkreis von nur zwei Kilometern Highlights wie der Heimathafen Neukölln, die Neuköllner Oper, der neobarocke Körnerpark, das Puppentheatermuseum, eines der schönsten Stadtbäder samt antik anmutender Säulenhalle, der lehrreiche Comeniuspark und nicht zu vergessen die fast 400 Jahre alte, immer noch aktive Rixdorfer Dorfschmiede. Man könnte also bei einer Abenteuertour durch Rixdorf das Café Rix entweder als Ausgangspunkt, als Endpunkt oder aber als erfrischende Oase zwischendurch aufsuchen.

Saal, Heimathafen Neukölln

Ich selbst habe das Café Rix nicht nur zu einem meiner Lieblingsplätze in Berlin erwählt, weil es in meinem Bezirk liegt, sondern weil es zu einem Klassiker der Berliner Caféhaus-Kultur zählt. Und weil es mit seiner prachtvoll stuckverzierten Decke und seiner Palmenecke eine echte Schönheit ist. Gemessen an Prenzlauer-Berg-Verhältnissen sind auch die Preise sehr angenehm.

Klassische Berliner Caféhaus-Kultur heißt: Man kann sein veganes Frühstück, sein Lachsfrühstück oder tunesisches Frühstück problemlos und entspannt bis 17 Uhr einnehmen. Künstlercafés haben für Nachtschwärmer und Theaterreporter bereits in den Goldenen Zwanziger Jahren ihr Frühstück bis in den Abend hinein angeboten. Hier hat Berlin immerhin seinen Ruf als Weltstadt der Kultur zu verteidigen.

IM HERZEN BERLINS

Terrasse des Heimathafens & Café Rix

Die opulente hohe Saaldecke des Cafés geht auf einen Theatersaal zurück, der damals einer der Theatersäle des Saalbaus war. Nach dem Ersten Weltkrieg wurde daraus ein Lichtspielhaus. Die UFA war es, die damals den kleinen und den großen Saal des Saalbaus pachtete, um ihre ersten Tonfilme zu zeigen. Kaum zu glauben, dass es um 1920, als aus Rixdorf der Bezirk Neukölln wurde, 25 Lichtspielhäuser im belebten Kiez gab. Hier gab es alles, ein Grotten-Kino, Varietés und Theater und über hundert Kneipen.

Café Rix

Hinter dem Durchgang zum Saalbau befindet sich mit dem Heimathafen Neukölln ein Haus für zeitgenössisches

IM HERZEN BERLINS

Theater, Musik, Show, Debatten und Performances. In den Produktionen steht zumeist der Kiez im Mittelpunkt. Ein echtes Programm-Highlight des Heimathafens sind die »Rixdorfer Perlen«, die seit über 10 Jahren Alt-Berliner Lieder und neu übersetzte Klassiker der Musikgeschichte zum Besten geben.

Lage:
Karl-Marx-Straße 141, 12043 Berlin

Anreise mit dem ÖPNV: Mit der U-Bahn-Linie 7 bis zum Bahnhof Karl-Marx-Straße. Der Eingang, der zum Saalbau Neukölln, zum Heimathafen Neukölln und dem Café Rix führt, ist bereits von den U-Bahn-Ausgängen gut zu erkennen.

Öffnungszeiten: täglich 10 bis 22 Uhr, Frühstück täglich bis 14 Uhr

Websites:
- caferix.de
- heimathafen-neukoelln.de

19 Ehemalige Kiesgrube und Mietskaserne

KÖRNERPARK UND COMENIUS-GARTEN

Bei diesem grünen Abenteuer handelt es sich um einen kleinen Rundgang. Die beiden hier beschriebenen, sehr unterschiedlichen Grünanlagen liegen nur wenige Gehminuten auseinander und lassen sich bequem nacheinander besichtigen und erleben.

Unterschiedlicher könnten Garten- und Parkkonzepte kaum sein. Während der Körnerpark mit Orangerie und Wasserspielen jedem Schlosspark Berlins Konkurrenz macht, punktet der Comenius-Garten gleich um die Ecke als Bildungsgarten mit einem Lebensweg, einem Seelenparadies und einem Arzneigärtlein.

Kaum zu glauben, dass die neobarocke Parkanlage des Körnerparks einmal eine Kiesgrube gewesen ist. Doch das „kleine Versailles", wie es die Neuköllner gerne nennen, verrät seine frühere Bestimmung dadurch, dass die Rasenfläche des Parks sieben Meter tiefer liegt als die umliegenden Straßen. Der Besitzer der Kiesgrube, Franz Körner, vermachte das Terrain dem Bezirk mit der Auflage, dort einen Park zu errichten, der seinen Namen tragen sollte. Bei den Bauarbeiten fanden Archäologen dann ein Reitergrab aus der Zeit der Völkerwanderung im 5. Jahrhundert, das sich heute im Museum für Vor- und Frühgeschichte in Charlottenburg befindet. Der gepflegte Körnerpark ist bei den Neuköllnern äußerst beliebt, vor allem weil man von der

IM HERZEN BERLINS

belebten, sehr geschäftigen Karl-Marx-Straße ratzfatz, wie die Berliner zu sagen pflegen, also mal eben schnell hinüber in den Park gehen kann, um sich auf die Liegewiese zu legen. Auch Qigong- und Yogagruppen sind im Park oft zu sehen. Kinder tollen an heißen Sommertagen rund um die treppenartigen barocken Wasserbecken und deren Springbrunnen oder hüpfen jauchzend durch die in fünf Stufen aufsteigenden Fontänen. Und auf den Bänken vor der Orangerie lässt sich unter Palmen wunderbar der Feierabend verdösen. Und jetzt stelle man sich vor, dass dieser schöne neobarocke Park mit seinen Arkadenwänden und prächtigen Treppen in den 1960er-Jahren tatsächlich wieder aufgefüllt, sprich verschwinden sollte, weil er damals so verwildert und verfallen war.

Körnerpark

Eine ganz andere Oase findet man zehn Fußminuten entfernt im Böhmischen Dorf. Durch eine kleine Tür betritt man den kunter-

Orangerie

Comeniusgarten

bunten Comenius-Garten. Hier gab es früher keine Kiesgrube, sondern eine sehr berüchtigte Mietskaserne. Wie schön, dass sie verschwunden ist. Zentral im Garten ist eine Skulptur des Namensgebers Johann Amos Comenius zu sehen. Das Denkmal ist ein Geschenk der damaligen CSSR, mit dem man sich für die Aufnahme böhmischer Flüchtlinge im Jahr 1737 bedanken wollte. Preußenkönig Friedrich Wilhelm I. hatte 350 Menschen aus Böhmen im damaligen Rixdorf Asyl gewährt.

Statue des Comenius

Der Universalgelehrte Comenius war damals selbst ein Glaubensflüchtling. Die Lehre, die er vertrat und die sich Pansophie (Allweisheit) nannte, stand im konservativen Böhmen unter Strafe. Dabei wollte Comenius doch nur, was auch in den verschiedenen Parzellen des Gartens zum Ausdruck kommt, alle bekannten Wissenschaften der damaligen Zeit zusammenführen. Besonders hübsch ist der sogenannte Lebensweg im Garten, der an einem Walnussbaum beginnt. Zahlreiche Tafeln und Hinweise geben den Besuchern Hilfestellungen zur Naturphilosophie, die sich hinter diesem Gartenkonzept verbirgt. Man findet dreißig Rosenarten, Beerenarten aus ganz Europa neben Wild- und Heilkräutern. Einige Labyrinthe des Lehrgartens werden von Kindern und Jugendlichen betreut.

Lage: Körnerpark, Schierker Straße 8, 12051 Berlin-Neukölln; Comenius-Garten, Richardstraße 35, 12043 Berlin-Neukölln

Anreise mit dem ÖPNV: S- und U-Bahnhof Neukölln. Zum Körnerpark über die Karl-Marx-Straße links in die Schierkerstraße (fünf Gehminuten). Zum Comenius-Garten zurück zur Karl-Marx-Straße und auf der anderen Seite in die Kirchhofstraße bis zum Richardplatz und zur Richardstraße (fünf Gehminuten).

Öffnungszeiten: täglich geöffnet

Eintritt: frei

Websites:
- *körnerpark.de*
- *comenius-garten.de*

HINWEISE:
- In der Galerie im Körnerpark (in der Orangerie) wird Kunst der Gegenwart präsentiert. Im Sommer gibt es im Park jeden Sonntag um 18 Uhr die kostenlose, frei zugängliche Konzertreihe „Sommer im Park" und auch im Frühjahr und Herbst wird der Park sonntags auch musikalisch bespielt.
- Die ausgezeichnete Wikipedia-Seite zum Comenius-Garten versteht es, die komplexen Gedanken hinter dem interessanten Gartenkonzept gut zu beleuchten; *de.wikipedia.org/wiki/Comenius-Garten*

20 Der Herr der Stifte

LIPPENSTIFTMUSEUM

Von wegen Lippenstiftmuseum. Das ist nur der offizielle Name. Doch der Visagist René Koch, der einst Superstars wie Hildegard Knef und Liza Minelli noch schöner machte, pflegt hier die Tradition des Berliner Salons und hat jede Menge interessante Geschichten zu erzählen.

Was man betritt, ist kein Museum, es ist ein Tempel. Ein glitzernder schimmernder Palast, der Besucherinnen aus China und Japan glauben lässt, sie seien in einer Filmkulisse für Cabaret gelandet. Dieser Ort ist das weltweit einzige Museum seiner Art.

Was ein wenig verwundern mag, schließlich gehört der Lippenstift zu den am meisten verkauften Schönheitsprodukten der Welt. Dabei galt es lange Zeit als anrüchig, sich die Lippen rot zu schminken. Nur Tänzerinnen und Schauspielerinnen schminkten sich damit – die berühmte französische Diva Sarah Bernhardt gab ihm sogar den Beinamen „Stylo d'Amour" (Stift der Liebe). Zudem war der kleine Stift anfangs nahezu unbezahlbar und absoluter Luxus. Erst mit der Verbreitung des Stummfilms in den 1920er-Jahren wurde der Lippenstift populärer.

René Koch mit Hildegard Knef, Anfang der 1980er-Jahre

Hildegard Knef war diejenige, die ihn in Deutschland bekannt und beliebt machte. Und derjenige, der Hand an ihren Mund legte, war Visagist René Koch, der auch mal sagen durfte: „Du siehst ja aus wie Ida Putenschlund", wenn Hildegard Knef am Morgen etwas verkatert und so gar nicht mehr damenhaft aussah. Aus Dank für seinen Humor, seine Freundschaft und seine Verschönerungskünste schickte ihm die Knef Postkarten aus Paris. Dort war dann zum Beispiel zu lesen:

Vitrine mit Lippenstift-Exponaten, 1940/1950er Jahre

IM HERZEN BERLINS

Lippenstift und Puderdose von KIGU, ca. 1950

Limitierte Lippenstift-Edition von REVLON, ca. 1950

René Koch mit XXL-Lippenstiften von SALVADOR DALI, CHANEL, KANEBO

„Geliebter Arsch de Triumph. Ida P. arbeitet auf französisch + auch Deutsch an einer CD."

Die Postkarte der Knef, auf der das zu lesen ist, hat René Koch in seinem Buch „Abgeschminkt" veröffentlicht. Natürlich hat Hildegard Knef im Museum eine eigene Vitrine, und allein wegen dieses Knef-Altars lohnt es sich schon in die Helmstedter Straße zu kommen. Dort ist der Durchbruch des Lippenstifts in Europa nachzuvollziehen, der nach dem Krieg seinen Siegeszug antrat, als die Amerikaner den Drehlippenstift nach Deutschland mitbrachten und Hildegard Knef für den „Volkslippenstift" (VL) für nur 1,50 Mark warb. „Hilde sagte immer zu mir: ‚Mach mir mal Farbe auf die Lippen, damit ich weiß, wo vorne ist'", erzählt René Koch, Visagist und Besitzer des Lippenstiftmuseums in Berlin. Neben der Knef sind Hunderte von weiteren Stars im Lippenstiftmuseum zu sehen, die sich auf ihren Autogrammen auch mit einem Kiss-o-Gramm verewigt haben: einem roten Lippenstiftabdruck. So sind neben der Knef im Museum mehr als 150 weitere Original-Lippenabdrücke berühmter Diven zu sehen. Von Liza Minelli, Ingrid Caven, Romy Haag, Bonnie Tyler und Ute Lemper bis hin zu Mireille Matthieu und Milva. Neben dem Prosecco, der hier kredenzt wird, und den spannenden Geschichten, die René Koch während seiner Führung erzählt, erhalten die Besucherinnen und Besucher am Ende im Salon auch einen praktischen und individuellen Einblick in die hohe Kunst des Lippenschminkens und wertvolle Kosmetik-Tipps. Ich riskiere wahrlich keine große Lippe, wenn ich dieses Museum Berlins als Ort bezeichne, an dem man der Schönheit huldigt. Einen Ort, den man nicht nur einfach besucht, sondern genussvoll erlebt.

Plakat zur Revue „Das ist der rote Lippenstift", 1920/30er Jahre

Lage:
Helmstedter Straße 16, 10717 Berlin

Anreise mit dem ÖPNV: Mit der U-Bahn-Linie 7 bis zur Haltestelle Berliner Straße. Über die Berliner Straße gelangt man nach fünf Minuten zur Helmstedter Straße. Das Museum ist gleich auf der linken Seite zu finden.

Öffnungszeiten: auf Anfrage, Tel. 030 8542829 (Mittwoch bis Freitag 11 bis 19 Uhr)

Dauer der Führung: 1,5 Stunden; nach den Führungen wird Sekt, Kaffee und Gebäck gereicht. Auch eine individuelle Kosmetikberatung ist möglich.

Kosten: 25 EUR

Website: *lippenstiftmuseum.de*

21 Kulinarische Botschaft Luxemburgs

DE MAUFEL

Das von der Fachpresse hochgelobte Restaurant De Maufel in Berlin ist eine Auslandsvertretung der besonders leckeren Art. Traditionelle luxemburgische Spezialitäten werden hier vom Spitzenkoch Valentino Palumbo einfallsreich und elegant neu interpretiert.

IM HERZEN BERLINS

De-Maufel-Team

Wenn von sehr guten internationalen Restaurants in Berlin die Rede ist, denkt man meist erst an die großen Nationalküchen. Also an italienische, russische, französische oder japanische Kochkunst. Wie schön für dieses Buch, dass ausgerechnet ein kleines feines luxemburgisches Restaurant vielen anderen in der Hauptstadt den Rang abläuft. Seit über 15 Jahren bieten Luc Wolff und Heike Kaschny nun bereits ihre erfrischend kreative Cuisine Luxemburgoise im Stadtteil Charlottenburg an. Eine kuriose Erfolgsgeschichte ist das. Schon zu Anfangszeiten wurden die Luxemburger Rieslingspaschtéitchen in Berlin zum Verkaufsschlager. Damals wurden noch auf engstem Raum leckere Tartes und Terrinen, Pasteten und duftende Brioche gebacken. „Dann kam der Mittagstisch hinzu", erzählt Luc Wolff. „Irgendwann haben wir es nicht mehr allein geschafft und haben uns Profiköche gesucht." Das De Maufel wurde größer und erfolgreicher. So sehr, dass die Gault-Millau-Tester dem Neuling in Charlottenburg 2011 eine Kochmütze und 14 Punkte verleihen mussten. Die positive Resonanz in der Fachpresse war groß.

„Die Luxemburger, die uns besuchen, sollen Heimweh bekommen", sagt der Inhaber Luc Wolff lachend. Wie wäre es also mit durch Estragon-Trauben verfeinerten Coq au Riesling oder den genialen Flammkuchen du Chef mit Kürbis, Rotkohl und Ziegenkäse? Mit Freude bereitet der Pfälzer Spitzenkoch Valentino Palumbo geräuchertes Roastbeef mit einer leichten und feinen Estragon-Kerbel-Remoulade, dazu delikaten Gurken-Senf-Chutney und knusprige Croûtons zu. Selbst Gerichte, die 2021 aufgrund schwieriger Zeiten im Glas verkauft werden mussten, wie ein zartes Boeuf Bourguignon, gewannen souverän den Vergleichstest im Berliner Tagesspiegel.

Vermehrt werden heute auch Kreationen präsentiert, die sich auf die Küchen aus der Großregion rund um Luxemburg beziehen. Palumbo lässt sich dabei auch gerne von Gerichten aus Lothringen, dem Elsass, der Eifel oder der Pfalz inspirieren. Grundpfeiler der Küche jedoch bleiben Gerichte aus Luxemburg. Also serviert man geschmorte Schweinebäckchen mit süßsauer marinierten Rosenkohlblättern. Bewusst möchte man sich dabei gegen die mediterrane Küche abgrenzen und greift auf Zutaten zurück, die es bereits vor der Globalisierung gab. Statt Fenchel und Tomaten verwendet man lieber rote und gelbe Beete. Die regional bekannte Note „süßsauer" erreicht man mit Essig und Rübenmelasse und nicht mit Zitrone und Honig.

Jakobsmuscheln

Pilz-Consommé

Die Küche im De Maufel ist komplex, geer-

IM HERZEN BERLINS

Restaurant De Maufel

det und durchaus modern. Eine luxemburgische Küche ist das, die sich, trotz spürbarer Finesse und Komplexität, den Charme einer gewissen Bodenständigkeit bewahrt hat. Jenen Charme, den man eben mit der luxemburgischen Küche verbindet, die im De Maufel auf sehr fantasievolle Art veredelt wird.

Lage: Leonhardtstraße 13, 14057 Berlin-Charlottenburg

Anreise mit dem ÖPNV: Mit der U-Bahn-Linie 7 bis zur Haltestelle Wilmersdorfer Straße oder der S-Bahn zum Bahnhof Berlin-Charlottenburg. Über den Stuttgarter Platz erreicht man die Leonhardtstraße nach zehn Minuten Fußweg.

Öffnungszeiten: Aktuelle Zeiten finden sich auf der Website; Tel. 030 31004399.

Website: *de-maufel.com*

22 Street-Art Alley

HAUS SCHWARZENBERG

Wer wissen will, wie wild und bunt Berlin vor vierzig Jahren ausgesehen hat, sollte sich den wohl kleinsten und außergewöhnlichsten Street-Art Hotspot Berlins an der Rosenthaler Straße ansehen. Internationale kreative Subkultur trifft auf berührende Geschichte in einer kleinen bunten Gasse, die man leicht übersehen kann.

IM HERZEN BERLINS

Street-Art im Hinterhof

Im Scheunenviertel, in unmittelbarer Nachbarschaft zum Touristen-Highlight Hackesche Höfe, zwischen Bars, Kaffeehäusern und Souvenirläden, liegt in einer Hinterhofgasse an der Rosenthaler Straße ein Ort, an dem die Zeit stehengeblieben zu sein scheint. Von der Rosenthaler Straße aus, die bereits seit dem Mittelalter Alt-Berlin und das Dörfchen Rosenthal verband, geht es durch einen Torbogen in ein kunterbuntes Wunderland. Die Eingangspforte an der Rosenthaler Straße 39 fungiert dabei regelrecht als Zeittunnel. Denn hier, im Zentrum Berlins, haben Globalisierung und Gentrifizierung die Stadt zwar in rasantem Tempo verändert und Glasfassaden und Bürotürme entstehen lassen. Doch der aus historischen Gründen unter Denkmalschutz stehende Hof konnte jeder Sanierung und Veränderung bislang widerstehen. Hier sind die Seele und wilde Straßenkultur Berlins erhalten geblieben. Was als erstes ins Auge fällt, sind die über und über mit Street-Art, Graffiti und Murals übersäten Wände des Innenhofs. Bereits im schmalen Durchgang zum Hof entdeckt der Besucher auf der brüchigen Fassade erste Spuren bekannter Berliner Street-Art-Künstler wie Robi the Dog, Prost, El Bocho oder Tona. Die Kunstwerke von Straßenkünstlern aus der ganzen Welt ziehen sich über die sich anschließenden Hofwände.

Man sieht einen kunterbunten Mix aus großen Gemälden, Mosaiken und Papierkunst, die als Plakatierung einfach mit Leim auf die Wände befestigt wurde, sogenannte Paste-Ups. Weiter hinten im Hof erscheinen dann auch Cut-Outs, Schablonen und Installationen. Aus historischen Gründen steht der Hof unter Denkmalschutz und somit ist das Bemalen der Wände eigentlich verboten. Doch die Werke von internationalen Street-Artists wie dem Engländer James Cochran aka Jimmy C., dem Chilenen Otto Schade, der Italienerin Alice Pasquini aka AliCé oder dem Australier James Reka sind mittlerweile so bekannt und wertvoll, dass der Berliner Senat sich hüten wird, diese Weltkunst zu entfernen.

Neben der Kunst spielt die Geschichte an diesem Ort eine Hauptrolle. Otto Weidts Blindenwerkstatt ist einer der Gründe, warum das Haus Schwarzenberg heute unter Denkmalschutz steht. Die Blindenwerkstatt erzählt die Geschichte von Otto Weidt, einem Kaufmann, der während des Nazi-Regimes blinde und gehörlose Jüdinnen und Juden beschäftigte, um sie vor Verfolgung

Kunstwerk am Haus Schwarzenberg

IM HERZEN BERLINS

Grüne Oase am Ende der Kunstgasse

und Deportation zu schützen. Als die Bedrohung immer größer wurde, suchte er für einige der Verfolgten Verstecke. Eines davon befand sich in den Räumen des heutigen Museums.

Lage:
Rosenthaler Straße, 10178 Berlin

Anreise mit dem ÖPNV: Mit der S-Bahn bis Hackescher Markt oder mit der U-Bahn zum Halt Weinmeisterstraße. Von beiden Punkten sind es jeweils fünf Gehminuten zur Rosenthaler Straße 39 und dem bogenförmigen Eingang zur Street-Art Alley.

Aktivitäten:
- Museum Blindenwerkstatt Otto Weidt: täglich 10 bis 20 Uhr; Eintritt kostenlos; Rosenthaler Straße 39, 10178 Berlin, *museum-blindenwerkstatt.de*

Website: *haus-schwarzenberg.org*

23 Flair des Südens

DIE HECKMANN-HÖFE

Ein wunderbar begrünter Innenhof samt Brunnen inmitten eines Rosenbeets, eine Bonbonfabrik und ein Theater. So eine schöne Kombination haben die Hinterhöfe Berlins nicht immer zu bieten. Wechselnde Events in den Heckmann-Höfen sorgen für Leben und Flair im sogenannten Kreativquartier Berlins.

IM HERZEN BERLINS

Kunst im Hinterhof

Wenn man heute die prachtvollen Berliner Hinterhöfe und Durchgangshöfe sieht, kann man sich kaum vorstellen, wie trist es hier einst aussah. Da nützt auch alle Leierkastenromantik nichts. Zu Beginn der Industrialisierung strömten die Menschen zu Tausenden in die Fabriken der Stadt und wohnten zusammengepfercht in Mietskasernen. Viele davon bestanden aus mehreren hintereinander geschachtelten Höfen, in denen schlimmstenfalls, wie in den sechs Hinterhöfen in der Berliner Ackerstraße, auf engstem Raum über 2000 Menschen in 300 Wohnungen zusammengepfercht lebten. Doch diese kohlestaubschwarzen Zeiten, in denen kaum ein Lichtstrahl in die Höfe drang, sind längst vorbei. Einige der Hinterhöfe sind heute zu wahren Schmuckstücken, Vorzeigeobjekten und Touristenmagneten geworden, wie die Hackeschen Höfe mit ihren wunderschönen Jugendstilfassaden.

Nur zehn Fußminuten entfernt von den berühmten Hackeschen Höfen liegen die Heckmann-Höfe. Dennoch verirren sich die Menschen nicht so leicht in dieses schöne Hinterhof-Labyrinth. „Flanieren, shoppen und verweilen in einem der schönsten Berliner Hinterhöfe", so könnte der Werbeslogan für die Heckmann-Höfe lauten. Doch damit ist längst nicht abgedeckt, was die Besucher hier wirklich erwartet. Die zauberhaft mediterranen Höfe im Herzen Berlins sind im Sommer erstaunlich sonnig. Ein sizilianisches Restaurant wirbt nicht umsonst mit seiner Sonnenterrasse.

In den Durchgängen zu den einzelnen Höfen laden Kunstwerke und Poesie zum Verweilen ein. Da heißt es an einer Mauer: „Er greift nach seinen sieben Sachen und beendet seine Träume vor der dunklen Wärme seines Kaffees", und auf einer Hauswand liest man: „Eine Pfütze spiegelt die festen Schritte eilender Passanten im fahlen Morgenlicht." Die Heckmann-Höfe und all ihre Durchgänge und Torbögen sind Orte der Kunst. Hinter jeder Tür verbergen sich kreative oder besondere Orte, die als Ensemble oft sehr erstaunliche Spuren bei den Besuchern hinterlassen. Man fühlt sich, als würde man durch ein Open-Air-Museum voller Wunder wandeln.

Da gibt es Ateliers, in die man einfach hineingehen darf, um der Künstlerin bei der Arbeit über die Schulter zu schauen. Plötzlich taucht im Kunsthof an der Oranienburger Straße 27 eine gusseiserne Treppe aus dem Jahr 1856 auf und fängt die Blicke der Passanten ein, als sei sie ein seltenes Kunstwerk. All die spätklassizistischen Fassaden, all die gusseisernen Balkone, die Friesbänder und Gesimse, die Drempelfenster mit Zinkgussrosetten und die Rundbogenarchitektur. Die Heckmann-Höfe sind elegant. Da einige Fassaden im italienischen Villenstil gestaltet wurden, fühlt man sich wie in südliche Gefilde versetzt. Die Heckmann-Höfe sind ein Geheimtipp in der

Installation im Kunsthof

IM HERZEN BERLINS

Idylle in den Heckmann-Höfen

Hauptstadt, und hoffentlich wird man es mir nicht verübeln, auch die Nicht-Berliner an diesen schönen, geheimen Ort zu locken, der uns heute erscheint, als sei er aus der Zeit gefallen.

Lage: Oranienburger Straße 32, 10117 Berlin

Anreise mit dem ÖPNV: U-Bahnhof Oranienburger Tor. Durch die Oranienburgerstraße an der Synagoge vorbei sind es ca. 15 Gehminuten zu den Heckmann-Höfen.

Öffnungszeiten: durchgehend geöffnet

Website: *heckmannhoefe.de*

HINWEIS: Von den Heckmann Höfen sind es nur fünf Minuten zu Fuß zum Monbijoupark an der Spree, der auf jeden Fall ebenfalls zu den abenteuerlichen und schönen Orten Berlins gehört.

24 Dinieren zwischen Maschinen

ALTE PUMPE

Ein außergewöhnliches und sicherlich auch weltweit einmaliges Ambiente bietet dieses Eventrestaurant seinen Gästen. Man speist in einer großen und hohen Maschinenhalle zwischen riesigen Pumpen und gewaltigen Dampfmaschinen. Dass es sich dabei um ein ehemaliges Abwasserpumpwerk handelt, schadet das dem Restaurant keineswegs. Im Gegenteil.

IM HERZEN BERLINS

Die alte Pumpe

Die wundervolle Melange zwischen Technik und Kulinarik ist – unweit vom Landwehrkanal – über einen Hinterhof zu erreichen. Man betritt die sehr hohe Halle mit all den Dampfmaschinen und fragt sich zuerst, wie dieser Maschinenraum wohl zu einem gepflegten Dinner passen könnte. Aber erstaunlicherweise fühlen sich die Gäste zwischen all den blitzblanken Apparaturen sehr wohl. Kein Wunder, denn an Staub und Lärm denkt man keinen einzigen Moment bei diesem kulinarischen Ausflug in die Stadtgeschichte. Aber kurios ist es schon zwischen Maschinen zu dinieren. Bereits in den 1920er-Jahren kannte man außergewöhnliche Restaurants in Berlin und auch heute noch liebt die Hauptstadt das Besondere und Kuriose. So gibt es in einem ehemaligen Umspannwerk in Kreuzberg ein Restaurant namens Volt. Siemens war schließlich einmal der größte Arbeitgeber in Berlin, und dennoch ist schwer zu erklären, warum die Liebe zu dieser Mischung aus Technik und Kochkunst ausgerechnet in Berlin auf solch fruchtbaren Boden fällt.

Dinieren zwischen Maschinen

Das Publikum jedenfalls liebt die Alte Pumpe. Bis in die 1930er-Jahre war die Anlage mit allen Dampfmaschinen noch aktiv. Später wurden die Pumpen elektrisch angetrieben. Bei einer kurzen Führung erfahre ich, dass „diese Pumpe hier einen großen 6-Zylinder-Schiffsdieselmotor des Fabrikats MWM bekam, der bis zu 300 PS leistete und mit Luntenzündung und pneumatischer Anlassart betrieben wurde." Ehrlich gesagt verstehe ich nur Bahnhof und kann gar nicht glauben, dass sich die Gäste tatsächlich für all die Details interessieren. Wer möchte schon wissen, dass die über dem Schiffsdieselmotor befindliche Hebeanlage zur Wartung der Zylinderlaufbuchsen diente und damals über zehn Tonnen heben konnte?

Spannend aber zu hören, dass noch der komplette Bestand des 1881 erbauten Pumpwerks vorhanden ist. Also das Kessel- und Maschinenhaus, das Beamtenwohnhaus und zwei Werkstattgebäude. Das Restaurant befindet sich heute im Haupthaus, einer einzigen großen Halle, in der früher drei weitere Pumpen ihre sicherlich sehr lärmende Arbeit verrichteten.

IM HERZEN BERLINS

Mich fasziniert dieser Gegensatz. Hier die sauber blitzende Technik, dazwischen die sauber eingedeckten Tische. Eine verrückte Idee ist das, aus einer gewaltigen Pumpstation für die städtische Kanalisation ein Eventrestaurant zu machen. Fast vergisst man über all der Faszination dieses Ambientes die Küche selbst. Diese ist bodenständig und legt großen Wert auf lokale Spezialitäten. Das kann durchaus auch mal eine feine Berliner Currywurst sein. Mein Herz schlägt für die knusprigen Gänsekeulen. Meine Empfehlung: das Industriedenkmal an einem Sonntag aufzusuchen und sich in aller Ruhe durch das reichhaltige Büffet zu schlemmen.

Die alte Pumpe von oben

Info

Lage:
Lützowstraße 42, 10785 Berlin

Anreise mit dem ÖPNV: Bis zum U-Bahnhof Nollendorfplatz fahren die U-Bahn-Linien 1 und 2 sowie die Buslinien 341, 148, 100 und 129. Von dort sind es zum Lützowplatz und zum Restaurant in der Lützowstraße ca. fünfzehn Minuten zu Fuß.

Aktivitäten: Sonntagsfrühstück ab 10 Uhr, 12,50 EUR (ohne Getränke); Tel. 030 26484265

Website: *altepumpe.de*

25 Konzertsaal im Wasser

LIQUIDROM

Dieser mit dem europäischen Bäderoscar ausgezeichnete Wellnesstempel ist eine Oase für alle Sinne. Ein Ort, an dem man zur Ruhe kommt. Es gibt unter anderem Klangmassagen, Heilanwendungen mit dem Kräuterstempel oder Hot-Stone-Behandlungen. Ein besonderes Highlight ist die klassische und elektronische Unterwassermusik.

IM HERZEN BERLINS

Das alte Tempodrom verzauberte mich immer wieder. Unvergessen das Zirkuszelt, unter dessen Kuppel der allererste Kinderzirkus in Deutschland auftrat. Er war so erfolgreich, dass er europaweit auf Tournee ging. Das neu erbaute Tempodrom am Askanischen Platz verbreitet nun einen ganz anderen Zauber. Eine schöne Verbeugung vor dem alten Tempodrom ist das Dach, das optisch an die Form eines Zirkuszeltes angelehnt ist. Mit seinen futuristischen, nachts hell aufragenden Spitzen, erinnert es ein wenig an Oscar Niemeyers Kathedrale in Brasilia. Von den drei Veranstaltungsorten im neuen Tempodrom ist das Liquidrom sicherlich der überraschendste. Ein ganz besonderer Ort.

Wellness

Baden

Denn Schwerelosigkeit ist in Berlin wohl kaum so angenehm zu haben wie hier. Ich liege rücklings in einem Thermal-Solebecken unter einer schönen Kuppeldecke und lasse mich durchs warme Wasser treiben. Der ganze Raum ist von irisierenden blauen Wellen aus Licht durchflutet. Das Heilwasser, sagt man mir, würde eigens aus der Fontane-Therme im Brandenburgischen Neuruppin zugeführt. Durch den höheren Salzgehalt (vier Prozent) hat man mehr Auftrieb und kann fast schwerelos auf dem Wasser liegen. Ein bisschen so wie im Toten Meer in Israel.

Doch diese „Blaue Lagune" ist weit mehr als nur ein reiner Wassertempel. Sie ist auch ein Konzertsaal. Während man nämlich auf dem 37 Grad warmen Wasser schwebt und dabei auf sogenannten Poolnudeln entspannt die Beine hochlegen kann, erklingt sphärische Unterwassermusik. Orientalische oder elektronische Klänge und Weltmusik, die an die Ohren brandet. Gelegentlich finden hier auch Live-Auftritte statt. Als Wassermusik besonders schön und chillend wirkt die von Simonetta Ginelli gespielte Harfe. Man schaut der optischen Performance zu, deren Lichtreflexe wie kleine Wellen aussehen und oben an der Decke tanzen. Aber irgendwann schließt man die Augen. Die Betreiberin sagte mir, es sei tatsächlich schon vorgekommen, dass Menschen während des Wasserkonzerts eingeschlafen seien.

Die wunderbare Akustik der Bogenhalle ergibt sich auch aus der Architektur. Es ist dieser Minimalismus, der die Klänge klar leitet. Oben, am höchsten Punkt, flutet Tageslicht wohldosiert durch den kreisrunden Ausschnitt. Sonst gibt es aber nichts,

Die blaue Lagune

was einen vom Schweben und Lauschen ablenken könnte. Wer möchte, kann sich draußen noch in die Sonne und danach in einen sprudelnden Außenpool legen, dessen Wasser ebenfalls aus der Therme in Neuruppin gespeist wird.

Schwebebad

Lage: Möckernstraße 10, 10963 Berlin

Anreise mit dem ÖPNV: Mit den S-Bahn-Linien S1, S2, S25, S26 bis zum Anhalter Bahnhof. Mit den U-Bahn-Linien 1 oder 7 bis zum Bahnhof Möckernbrücke oder mit den Bussen der Linie 129 oder M41 bis zum Anhalter Bahnhof. Sowohl vom Bahnhof Möckernbrücke als auch vom Anhalter Bahnhof sind es nur zehn Fußminuten zum Liquidrom, das von Weitem gut an der markanten weißen Zirkuszelt-Architektur des Tempodroms zu erkennen ist.

Öffnungszeiten: Sonntag bis Donnerstag 9 bis 24 Uhr, Freitag und Samstag 9 bis 1 Uhr

Kosten: Tageskarte 27,50 EUR, weitere Tarife sind auf der Website abrufbar; *liquidrom-berlin.de/de/tarife.php*

Anwendungen: Neben Watsu und Aquatic-Flow werden auch vielfältige Massagen zum Beispiel als Hot-Stone-Massage oder balinesische Kräuterstempel-Massage angeboten. Außerdem gibt es mehrere Saunen, unter anderem eine Himalayasalz-Sauna mit rosig schimmernden Salzblöcken.

Website: *liquidrom-berlin.de*

26 Tanzhaus mit Tradition

CLÄRCHENS BALLHAUS

Immer wieder fiel das Clärchens, wie die Berliner das berühmteste ihrer noch erhaltenen Ballhäuser liebevoll nennen, aus verschiedenen Gründen in einen Dornröschenschlaf. Daraus erwacht, zeigt sich das Tanzhaus in altem Glanz und mit überraschend guter Küche.

IM HERZEN BERLINS

Clärchens Ballhaus ist einer der magischen Orte in der Hauptstadt, von denen es leider immer weniger gibt. Auch nach über hundert Jahren sieht Berlins Vorzeige-Tanzhaus noch aus wie zu Zilles Zeiten. Es hat Patina angesetzt, die Fassade blättert, doch der glänzende Ruf ist nach wie vor erhalten. Und auch der Glanz in den Augen der tanzfreudigen Gäste. Im Osten der Stadt gelegen, war es zu DDR-Zeiten in West- wie Ost gleichermaßen bekannt und beliebt. Clärchens war immer schon eine Institution in der Stadt, und es wäre ein Jammer, wenn diese extravagante Schönheit verschwinden würde.

Fassade mit Patina

Bei Clärchens draußen

Wie gut, dass der neue Besitzer, der gebürtige Berliner Yoram Roth, der Clärchens Ballhaus 2019 erwarb, sich der über 100-jährigen Geschichte des legendären Ballhauses verpflichtet fühlt. So soll denn dieser Ort genauso erhalten werden, wie man ihn seit hundert Jahren kennt. Als Platz der Kultur, des Tanzes und der Gastronomie. Vor allem aber als Ort, in dessen holzvertäfeltem, großem und stuckverziertem Spiegelsaal die wildesten Feste gefeiert wurden. Ganze Abende und Nächte hindurch schwang man dort das Tanzbein. Ob nun Walzer, Charleston, Tango Argentino oder Swing, Clärchens Ballhaus war immer am Puls der Zeit. Die unterschiedlichen Tänze, die hier zu sehen und für ihre jeweiligen Epochen charakteristisch waren, kann man auch heute noch im Clärchens lernen. Oder man schaut sie sich

IM HERZEN BERLINS

Der große Spiegelsaal

in einer der Shows an, in denen man die Tänze des Jahrhunderts Revue passieren lässt.

Schwung und Tanzbegeisterung kam ab 1910 nach Berlin. 1913 wurde das Ballhaus von Clara und Fritz Bühler unter dem Namen Bühlers Tanzhaus eröffnet. Der Name Clärchens geht auf Clara Bühler zurück, die nach dem Tod ihres Mannes das Tanzlokal allein weiterführte. Bald schon etablierte sich der Name Clärchens unter der Berliner Bevölkerung. In den 1920er- und 30er-Jahren feierte oben im Spiegelsaal die feine Gesellschaft, während unten im Ballsaal die Berliner schwooften. Das Ballhaus überlebte den Ersten wie den Zweiten Weltkrieg und blieb auch zu DDR-Zeiten in Privatbesitz. Zwischenzeitlich hatte die Institution immer mal wieder Phasen, in denen sie nicht im Rampenlicht stand. Doch die Schönheit des bis heute im Originalzustand erhaltenen Spiegelsaals sprach sich immer wieder herum. So auch bei Quentin Tarantino, der hier Teile seines Films „Inglorious Basterds" mit Brad Pitt und Christoph Waltz drehte.

Auch kulinarisch verbindet das Clärchens wieder Tradition und Zeitgeschmack und bewegt sich nach Aussage der Betreiber dabei zwischen Berlin, Wien und Budapest. Anstatt Fine Dining mit Menüzwang bekommt man in den Sälen oder draußen im Garten auch weiterhin Berliner Klassiker serviert wie Königsberger Klopse, Buletten, Blutwurst mit Kartoffelstampf oder Zander auf der Haut gebraten.

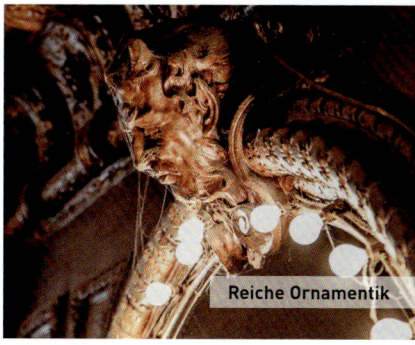
Reiche Ornamentik

Lage: Auguststraße 24, 10117 Berlin

Anreise mit dem ÖPNV: Vom U-Bahnhof Rosenthaler Platz geht es über die Rosenthaler Straße in die Augustastraße. Zum Clärchens sind es ca. 15 Gehminuten.

Öffnungszeiten: Mittwoch bis Freitag 17 bis 22 Uhr, Samstag und Sonntag 14 bis 22 Uhr, Montag und Dienstag geschlossen.

Eintritt: Die Ticketpreise der jeweiligen Veranstaltungen können unter Tel. 030 555785440 erfragt werden.

Veranstaltungen: Jeden Freitag und Samstag um 20 Uhr Schwoof in Clärchens Ballhaus. Sehenswert sind die Candellight-Konzerte im Spiegelsaal, die von Marion Kiesow moderierten Shows „Tanz durchs Jahrhundert" oder der Kulturspaziergang „August und Clärchen" durch die Auguststraße.

Website: *claerchensball.haus*

HINWEIS: „Berlin tanzt in Clärchens Ballhaus" – Marion Kiesow trägt in diesem opulent ausgestatteten Buch Fotografien, Dokumente, Zeichnungen, Geschichten und Anekdoten über eine Berliner Institution zusammen, in der seit hundert Jahren getanzt wird.

Im Norden Berlins

Die Sechserbrücke

Im Norden Berlins

27. Babylon Berlin: das Theater im Deplhi
28. Einkehr und Ruhe: das buddhistische Haus
29. Berlins ältester Baum: Sechserbrücke und Dicke Marie
30. Berlins Insel-Republik: Reiswerder

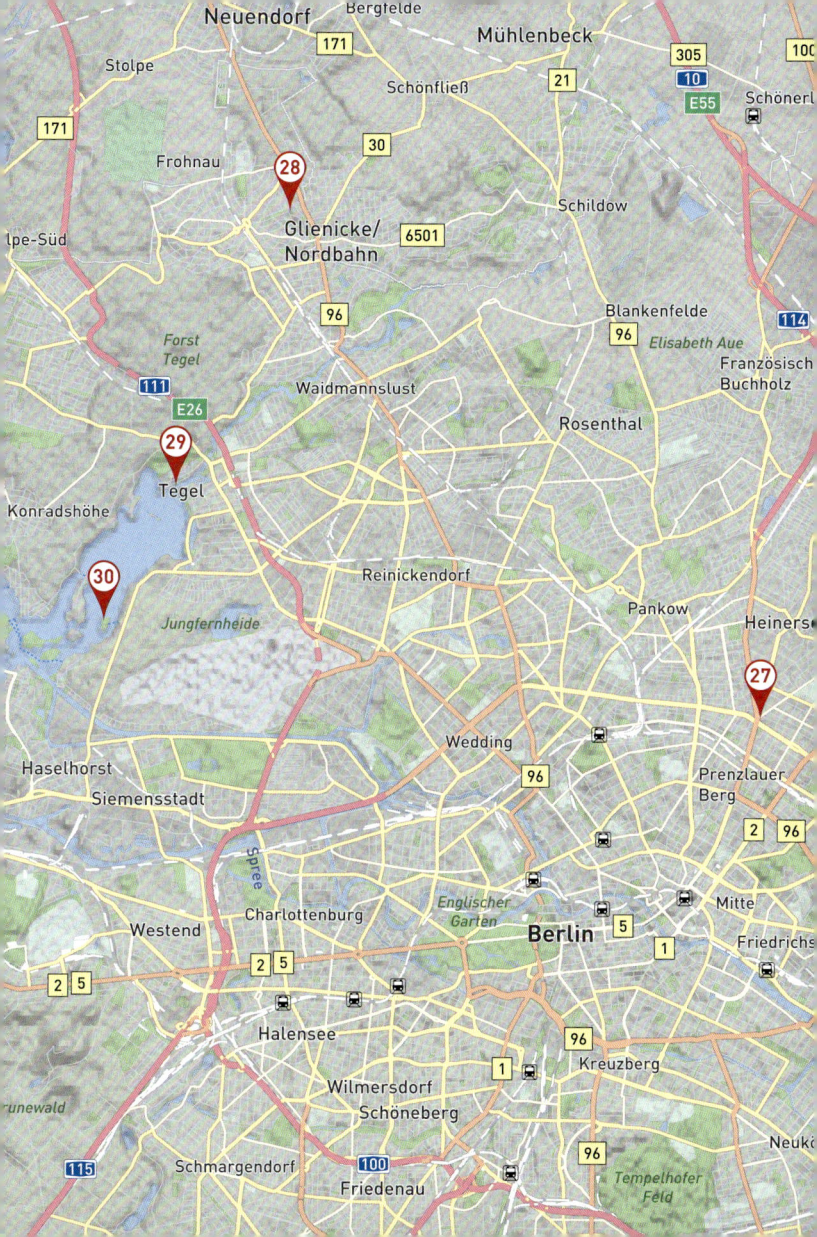

27 Babylon Berlin

DAS THEATER IM DELPHI

Die Sehnsucht nach dem Berlin der Goldenen Zwanziger, diese wilde Zeit der Revuetheater, Cabarets und Tanzlokale, wurde durch die Filme der Staffel Babylon Berlin wieder geweckt. Einer der Drehorte kann nun besucht werden.

Swinging Silvesterball im Theater im Delphi

Das Theater im Delphi in Berlin-Weißensee hat in der Filmreihe Babylon Berlin seinen Auftritt als verrufenes und glamouröses Varieté. Durch den Regisseur Tom Tykwer in diesem ehemaligen Lichtspielhaus filmisch zu neuem Leben erweckt wurde hier das Moka Efti, der in den Zwanziger Jahren berühmteste Tanztempel der Stadt Berlin.

Im Filmdreh gibt das ehemalige Stummfilmkino Delphi den perfekten Rahmen ab, um das verruchte Berliner Nachtleben der 1920er-Jahre als Bordell und Varieté-Theater nachzustellen. Das authentische Flair ergibt sich auch daraus, dass das Delphi selbst genau aus dieser Zeit stammt. Es eröffnete 1929 in der Blütezeit der Berliner Filmproduktion. Der Stadtteil Weißensee trug damals den Beinamen „Klein Hollywood". Hier befanden sich mehrere Filmstudios, bevor Babelsberg letztlich zur wichtigsten Produktionsstätte der Metropole aufstieg. Die Filme wurden nach Fertigstellung in Weißensee dann quasi gleich um die Ecke im Großraumkino Delphi gezeigt. Feierlich eröffnet wurde

IM NORDEN BERLINS

Bühne und ...

es damals mit dem Stummfilm „Hochverrat". Über 900 Besucher bestaunten hier die von einem dreizehnköpfigen Orchester begleiteten ersten Stummfilme. Nach der Vorstellung schloss sich der imposante helle Vorhang aus Raupenseide und das Publikum feierte an der Bar des Foyers noch etwas nach.

Zu DDR-Zeiten wurde das Gebäude im Foyerbereich als Gemüselager, Briefmarkengeschäft, Schauraum für Orgelbau oder als Lagerhalle der Zivilverteidigung genutzt. Zeitweise war das Theater sogar einmal eine Wäscherei der Rewatex-Gruppe, die hier ihr VEB Blütenweiß präsentierte. Der Volksmund benannte die Wäscherei in Ostberlin kreativ in VEB Edelgrau um. Wegen Baumängeln musste das ehemalige Großraumkino 1959 für öffentliche Nutzungen geschlossen werden. Erst im Dezember 2017 wurde das Haus als neue Kulturstätte wiedergeboren.

Jahrzehntelang in Vergessenheit geraten, wurde das Delphi 2013 vom Künstlerduo Nikolaus Schneider und Brina Stinehelfer wiedererweckt und zum internationalen Kulturzentrum „Theater im Delphi". Heute werden hier nicht mehr nur Filme gezeigt. Auf dem Programm stehen auch Theater, Tanz, Oper, Konzerte, Performance und viele Hybrid-Projekte. Künstler der Freien Szene Berlins finden im Theater im Delphi Platz für Experimente sowie neue Raum- und Klangerfahrungen. Ende 2018 war hier die Kabarett-Show „Le Pustra's Kabarett der Namenlosen" zu sehen. Vom Charme vergangener Zeiten hat der Ort nichts eingebüßt und wird so heute zu einem inspirierenden Raum für neue künstlerische Ideen.

... Gang im Theater im Delphi

Lage:
Gustav-Adolph-Straße 2, 13086 Berlin

Anreise mit dem ÖPNV: Mit der U-Bahn-Linie 7 bis zur Haltestelle Prenzlauer Allee. Dann mit der Tram M2,12,13 oder den Buslinien 156, 158, 225 weiter bis zum Halt Ostseestraße. Von hier aus sind es zwei Minuten zum Theater im Delphi.

Öffnungszeiten: auf Anfrage, Tel. 030 70128020

Eintritt: kostenlos

Website: *theater-im-delphi.de*

28 Einkehr und Ruhe

DAS BUDDHISTISCHE HAUS

Im als Gartenstadt konzipierten Ortsteil Frohnau befindet sich die älteste buddhistische Tempelanlage in Europa. Der Aufstieg über die zahlreichen Stufen sollte Besucher nicht abschrecken. Denn der Garten, die Tempel und das Elefantentor lohnen die Reise in den hohen Norden Berlins auf jeden Fall.

IM NORDEN BERLINS

Wenn man in Frohnau, im äußersten Norden Berlins, das sehr schöne, über hundert Jahre alte Bahnhofsgebäude verlässt, merkt man nach ein paar Schritten gleich, dass Berlin hier anders ist. Ruhiger, beschaulicher, noch grüner, ein wenig verträumter. Vor allem aber ist Berlin im hohen Norden nicht so dicht bebaut wie anderswo. In Frohnau gibt es viel Raum. Schon beim Gang hinunter zum Zeltinger Platz weitet sich der Blick. Für das Mikroabenteuer, das wir bei diesem Ausflug im Auge haben, geht man über den Platz und lässt die evangelische Johanneskirche erst mal links liegen, um in den Edelhofdamm einzubiegen. Das ist nicht despektierlich dahingesagt, denn um dieser wirklich sehenswerten Kirche mit ihrem an mittelalterliche Wehrkirchen Siebenbürgens erinnernden mächtigen Kirchturm gerecht zu werden, müsste man diesem Buch eigens ein neues Kapitel hinzufügen.

Buddhastatue

Aber wir haben ja mit dem buddhistischen Haus ein anderes, wesentlich östlicher gelegenes Gebäude im Sinn. Hübsch, der kleine Miniaturpark am Beginn des Edelhofdamms. Hier hat Frohnau so viel Platz, dass man sich gleich zwei parallel laufende Straßen gleichen Namens gönnt. Die parkähnlich lang gezogene Allee macht deutlich, dass Berlin hier nicht organisch um einen Dorfkern gewachsen ist, sondern einfach mal am Reißbrett geplant wurde.

Das Elefantentor

Frohnau ist nämlich als eine Gartenstadt konzipiert worden. Um 1910 gab es einen städtebaulichen Wettbewerb, den die Architekten Joseph Brix und Felix Genzmer gewannen. Bis zum Ersten Weltkrieg wurde dann aber sehr wenig gebaut und das kommt dem Ortsteil auch zugute. Am Ende der Allee steht man plötzlich vor einem kleinen Berg, an dessen Fuß man von einem in ceylonesischem Stil erbauten Elefantentor empfangen wird. Ich kenne in Berlin kein anderes Haus, das seinen Gästen einen solch imposanten, allerdings auch etwas anstrengenden Empfang gönnt. 73 Stufen führen nach oben, deren Steilheit den achtfachen Pfad der Erlösung vom Leid der Vergänglichkeit symbolisieren soll.

Oben freut man sich und staunt nicht schlecht. Man freut sich, weil man die steile Treppe nun hinter sich hat. Und staunt über die prächtige Aussicht auf den großen parkähnlichen Garten. Neben dem Buddhistischen Haupthaus entstand im Park auch noch ein Gästehaus, das sich Ceylon-Haus nennt. Gleich hinter dem Haus gibt es eine Terrasse, auf der man sicherlich wunderbar Tee trinken und einen Blick auf den Vertiefungsteich werfen kann. Ein Mönch erzählt mir, dieser Teich symbolisiere einen Ort, um sich in aller Ruhe den vier Versenkungen bis zur Errichtung des Zustandes frei von Glück und Leid zu widmen. Alles ist völlig still im Garten, als plötzlich eine Nachtigall ihren Gesang anstimmt, so als wolle sie zur Meditation bitten.

In der Bibliothek lausche ich der interessanten Geschichte des Schriftstellers Paul Dahlke, der schon als junger Mann vor mehr

IM NORDEN BERLINS

als hundert Jahren häufig nach Asien gereist und dort Buddhist geworden war. Obwohl er sich schon auf Sylt den Traum eines buddhistischen Hauses verwirklicht hatte, kaufte er sich in Frohnau noch das 36.000 Quadratmeter große Areal – samt Hügel. Ach ja, der Hügel und die steilen Treppen. Der lange Fußmarsch und beschwerliche Aufstieg war damals übrigens ein Grund für die evangelische Gemeinde, das schöne Gelände nicht zu kaufen. So entstand hier 1924 die älteste buddhistische Tempelanlage in Europa. Ich schaue mir im Garten die Steinskulptur der Göttin der Barmherzigkeit an, die die 1959

Im Park

von der japanischen Stadt gestiftet wurde. Und ich frage mich, an welcher Stelle des Gartens Dahlke wohl beigesetzt wurde.

> **Info**
>
> **Lage:**
> Edelhofdamm 54, 13465 Berlin
>
> **Anreise mit dem ÖPNV:** Mit der U-Bahn-Linie 7 oder der S1 der S-Bahn bis zum Hauptbahnhof Frohnau. Dann mit dem Bus 125, 220 oder 806 oder zwei Kilometer zu Fuß.
>
> **Öffnungszeiten:** Der Tempel und die Bibliothek sind täglich von 10 bis 18 Uhr geöffnet.
>
> **Website:** *das-buddhistische-haus.de*
>
> **HINWEIS:** Neben regelmäßigen Meditationskursen werden auch Führungen und Vorträge angeboten. Der Eintritt ist frei.

29 Berlins ältester Baum

SECHSERBRÜCKE UND DICKE MARIE

„Gestatten, mein Name: Dicke Marie. Mein Stammumfang beträgt knapp sechs Meter. Ich bin zwar nur achtzehn Meter hoch, aber älter als die Stadt Berlin. Mit Sicherheit. Denn Berlins Schwesterstadt Cölln taucht urkundlich erst 1237 auf. Das sind ja noch nicht einmal lächerliche 800 Jahre. Und ich habe bereits 900 auf dem Stamm. Ich schwöre es bei meinen Astlöchern."

IM NORDEN BERLINS

Sechserbrücke

Wenn der älteste Baum Berlins, eine stolze knorrige Stieleiche im Tegeler Forst, sprechen könnte, dann würde sich das vielleicht so anhören. Bevor wir uns aber der Geschichte der Dicken Marie zuwenden, schauen wir uns – quasi auf dem Weg zum Eichenbaum – erst einmal eine der schönsten Fußgängerbrücken Berlins an. Die Berliner nennen sie aus gutem Grund Sechserbrücke. Offiziell jedoch trägt die rote hübsche Fachwerkbogenbrücke den Namen Tegeler Hafenbrücke.

Vorab etwas zum Staunen: Berlin hat mit 960 Brücken weit mehr als doppelt so viele Brücken wie Venedig (ca. 400). Und um viele dieser Berliner Brücken ranken sich wirklich wunderbare Geschichten. Eine der interessantesten ist die der Sechserbrücke. Wer am Ende dieses Buches ein bisschen Berlinerisch studiert, wird wissen, dass ein Sechser ebenso wie der Groschen fest zum Berliner Sprachschatz gehört. Mit einem Sechser bezeichnet der Berliner heute ein Fünf-Cent-Stück, im 19. Jahrhundert hingegen waren es fünf Pfennige. Das genau war die Bezahlung, die ein Fischer namens Siebert entgegennahm, wenn er seine Passagiere mit dem Kahn am Tegeler Fließ übersetzte. Denn das Freibad Tegel war ein beliebtes Ausflugsziel und niemand wollte den weiten Weg ums Tegeler Fließ in Kauf nehmen. Nachdem immer mehr Ausflügler kamen, baute der clevere Fischer eine Holzbrücke und verlangte auch hier für die Überquerung weiter einen Sechser. Aus der kleinen Holzbrücke wurde 1893 die heutige Prachtbrücke mit ihren beiden pavillonartigen Bauten auf jeder Uferseite.

Die Sechserbrücke mit ihren Pavillon-Zugängen

Für eine Fußgängerbrücke sieht sie wirklich sehr imposant aus. Fast wie die kleine Version der Golden Gate Bridge in San Francisco. Ihre Größe und vor allem Höhe hat einen Grund. Denn die hoch beladenen Lastkähne brauchten eine garantierte Brückenhöhe, damit sie hier die Hafeneinfahrt passieren können. Von der Brücke hat man, gutes Wetter vorausgesetzt, eine wunderbare Aussicht über den Tegeler See. Links erkennt man die Insel Hasselwerder und rechts die Halbinsel Reiherwerder. Bevor es nun zur Dicken Marie weitergeht, sei darauf hingewiesen, dass man heute keinen Sechser mehr bezahlen muss, um über die Brücke und das Fließ zu kommen. Von der Tegeler Hafenbrücke sind es wenige Gehminuten bis zur Dicken Marie, die im Tegeler Forst an der Malche steht.

„Na, hasde wieda ne dicke Marie jemacht?" Die Berliner Sprache bezeichnet mit einer „Dicken Marie" eine größere Geldsumme. Doch diese Bezeichnung aus dem Volksmund hat nichts mit dem ältestem Baum Berlins zu tun. Vielmehr war die Köchin, die im nahen Humboldt-Schloss arbeitete, ebenso wohlbeleibt wie die Eiche an der Großen Malche. Und so waren es denn auch Alexander und Wilhelm von Humboldt, die den Baum so benannten.

IM NORDEN BERLINS

Blick von der Sechserbrücke

Man kann durchaus ehrfürchtig werden, wenn man das Alter der Baumdame bedenkt. Schließlich lebten in den Wäldern Berlins damals noch Braunbären und Raubritter trieben ihr Unwesen. Übrigens saß auch Goethe nachweislich bereits unter der Dicken Marie und versuchte sich im Dichten.

Lage:
Sechserbrücke: Tegeler Fließ. Dicke Marie: An der Malche 1, 13507 Berlin

Anreise mit dem ÖPNV: Mit der Buslinie 133 ab Alt-Tegel bis zur Kreuzung Ruppiner Chaussee (Restaurant Alter Fritz), dann wandert man auf dem Schwarzen Weg los bis zur Großen Malche.

Öffnungszeiten: täglich dauerhaft geöffnet

HINWEIS: Im Anschluss an den Besuch der Dicken Marie lohnt sich ein Besuch des Humboldtschlosses. Man könnte eine Dampferfahrt auf dem Tegeler See machen oder gleich weiter zum höchsten Berliner Baum spazieren, einer 45 Meter hohen Lärche im Tegeler Forst.

30 Berlins Insel-Republik

REISWERDER

Es geht ruhig und beschaulich zu auf der einzigen Inselrepublik Berlins, der winzigen Insel Reiswerder im Tegeler See. Vom Festland aus ist sie schnell mit der Fähre zu erreichen. Ein Paradies für Naturfreunde mit Bibern, einem besonderen Rathaus und dem kleinsten Strand Berlins.

Boote und Seerosen vor Reiswerder

Wenn man mit den zehn anderen Passagieren vom Fährmann nach drei Minuten Fahrt auf der Insel Reiswerder abgesetzt wird, ahnt man meist nicht, wie klein diese Insel wirklich ist. Auf einem Wegweiser lese ich die Aufschriften: Inselbaude, Rundweg, Toiletten, Museumslaube und Jugendlaube. Dass man auf dem Wegweiser das Rathaus vergessen hat, verwundert mich anfangs ein wenig, schließlich behaupten die Bewohner Reiswerders, es sei das kleinste Rathaus Europas. Aber nach wenigen Schritten, am Schild „Ameisenkolonie" vorbei, sieht man es sowieso. Von der Anlegestelle aus erreicht man das Rathaus in zwei Minuten. Ein hübscher hölzerner Bau mit einem eigenen Uhrenturm. Die Jahreszahl 1914 auf der linken Seite verweist auf das Jahr, in dem das Kleinod errichtet wurde. Bei meinem Besuch steht das Boot „Hildegard" aufgebockt sehr pittoresk davor. Kein Wunder, viele Stellplätze für Boote gibt es auf dieser Insel nicht. Der Fährverkehr war früher nur den Inselbewohnern und Gästen des Naturfreundevereins gestattet. Doch seit einigen Jahren dürfen, im Rahmen einer geführten Tour, auch Touristen das kleine Eiland besuchen, das sich stolz als Inselrepublik bezeichnet.

Reiswerder im Tegeler See gehört zum Bezirksamt Reinickendorf, das die Insel an Naturfreunde verpachtet, die dort eine Laubenkolonie unterhalten. Für den Naturverein, der sich für Landschafts- und Artenschutz im Auengebiet der Insel engagiert, fing alles im Jahr 1914 auf der Nachbarinsel Baumwerder an. Arbeiterfamilien errichteten damals dort ihre Lauben und nutzten sie als Sommerdomizil. Doch 1943 beanspruchten die Wasserwerke Berlin die Insel Baumwerder für sich. Also schifften die Vereinsmitglieder der Naturfreunde ihre selbst gebauten Hütten einfach auf Flößen hinüber auf die Insel Reiswerder, wo einige dieser alten Häuschen – jederzeit umzugsbereit – noch heute aufgebockt auf Steinen stehen.

Idyllische Laube

Dass die 123 Lauben über keinen Strom und kein fließendes Wasser verfügen und es nur eine Gemeinschaftstoilette gibt, stört die Pächter nicht. Solarstrom und Brunnenwasser helfen über das spartanische Leben hinweg. Jeder Eingriff in die Natur ist verboten. Die Inselbewohner dürfen im Naturschutzgebiet nichts anbauen, keine Bäume fällen, kein offenes Feuer machen und auch ihre kleinen Lauben nicht vergrößern. Auch Hunde und Katzen dürfen nicht auf die Insel. Die Fähre fährt nur bis zum Sonnenuntergang. Wer von den Bewohnern zu spät kommt, muss die 200 Meter zum Festland schwimmen oder sich ein Ruderboot besorgen. Mittlerweile haben Menschen aus über dreißig

Das Boot „Hildegard" vorm Rathaus

Ländern eine Laubenkolonie auf der Insel. Die Lauben werden von Naturfreunden meist nur in den Sommermonaten bewohnt. Ganzjährig leben nur zwei Familien und ein Waschbärenpaar auf der Insel.

Lage:
Insel im Tegeler See, 13581 Berlin

Anreise mit dem ÖPNV: Mit dem Bus 133 zur Haltestelle Reiswerder. Von dort zwei Minuten zur Fähre, die jede halbe Stunde pendelt. Der Fährmann bringt die Inselbesucher zwischen April und Mitte Oktober täglich zwischen 6 Uhr und Sonnenuntergang im Halbstundentakt auf die Insel. Im Winter nur freitags, an Wochenenden und Feiertagen.

Website: *reiswerder.de*

Im Osten Berlins

31. Mit dem Fährbär unterwegs: Solar-Bootstour auf dem Müggelsee
32. Berlins größler Asia Markt: das Dong Xuan Center
33. Schwarzer Kater und stiller Held: Werner-Klemke-Park
34. Wasserparadies: der letzte Fischer vom Müggelsee
35. Mit der Seilbahn unterwegs: in den Gärten der Welt
36. Aufwind im Osten: Bockwindmühle Marzahn
37. Büffel, Reiher und Biber: Erpetalwiesen
38. Die schönsten Kanäle Berlins: Neu-Venedig
39. Die verwunschene Prinzessin: Lehrkabinett Teufelssee

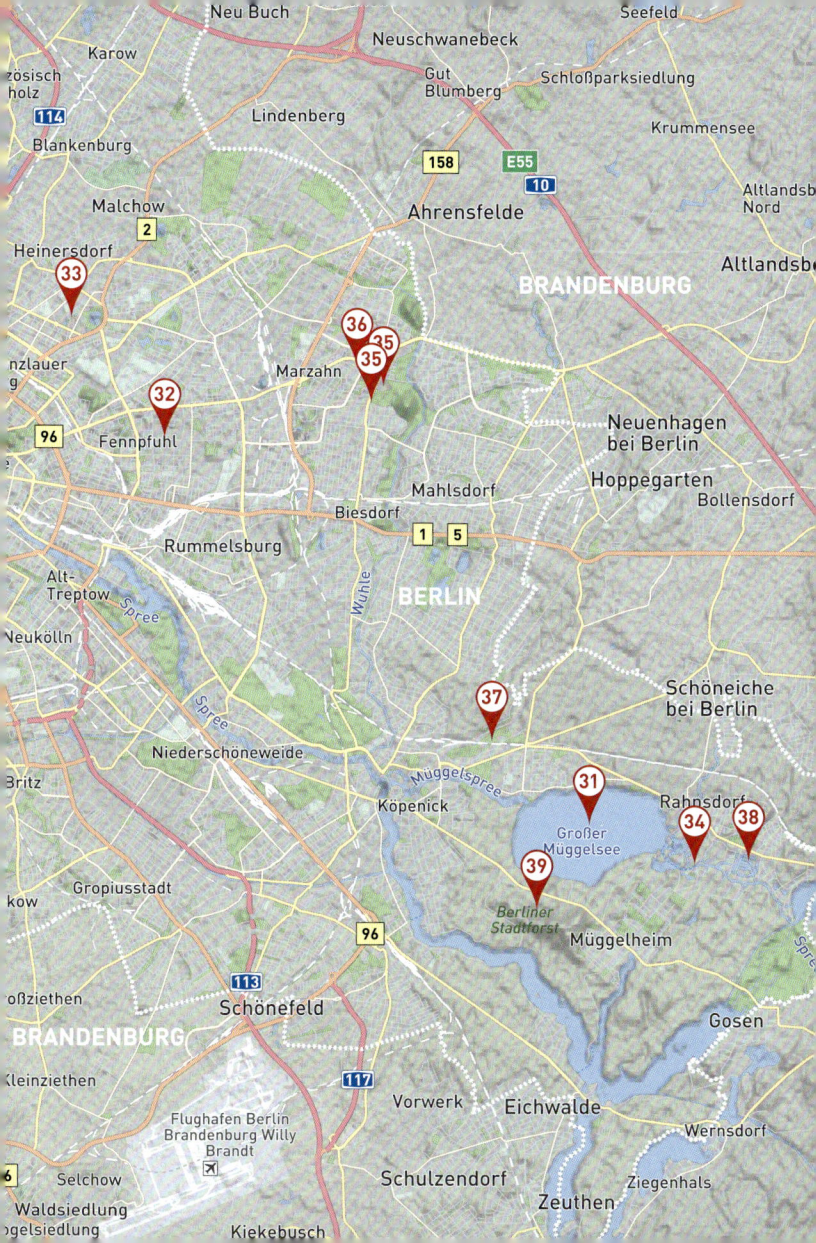

31 Mit dem Fährbär unterwegs

SOLAR-BOOTSTOUR AUF DEM MÜGGELSEE

Von der Seeseite aus sind die schwer zugänglichen Ufer Berlins besonders reizvoll. Besonders schön ist die Tour mit der Fähre F23 über den kleinen Müggelsee. Neben Stehpaddlern kann man auf der halbstündigen Fahrt auch Graureiher und Haubentaucher zu Gesicht bekommen.

IM OSTEN BERLINS

Bootssteg

Der südöstliche Teil des Müggelsees gehört ohne Zweifel zu den schönsten Gewässern der Hauptstadt. Wenn dort das Boot der Linie F23 mit dem hübschen Namen Fährbär am Anleger Müggelwerderweg seine Leinen löst, ist danach nur noch der Wellengang zu hören. Der Fährbär 3 ist leise. Denn es ist eines von vier gleichnamigen Schiffen, die im Auftrag der BVG als umweltfreundliche Solarfähren über die Berliner Seen fahren. Das elektrisch betriebene Boot schnurrt schon bald nach der Abfahrt gemächlich an einem Bootsschuppen vorbei, auf dessen Dach sich einige Graureiher im Flügelspreizen üben. Der Schuppen ist zu ihrem beliebten Treffpunkt geworden. Einige der Vögel nisten auf der Insel Müggelwerder, die gemächlich rechts am Schiff vorbeischwebt. Als meine Fähre eine Bucht namens „Die Bänke" durchquert, erscheint auch schon der erste Stehpaddler. Starker Wind macht ihm zu schaffen. Er hat Mühe nicht ins Schilf oder die Seerosenfelder abzudriften. Im östlichen Uferbereich nisten im Sommer zahlreiche Möwen, Haubentaucher und Blesshühner.

Schon nach zehn Minuten Fahrt ist backbord (also linker Hand) die Insel Kelchsecke zu sehen und kurz danach der erste Halt Müggelhort in Sicht. Der Name geht auf ein Traditionslokal am See zurück, das leider im Januar 2021 abgebrannt ist. Einige Leute schieben hier ihre Fahrräder von der Fähre. Wer den Müggelsee mit dem Fahrrad umrunden möchte, ist nämlich auf die Fähre 23 angewiesen. Kurz nach der Weiterfahrt sehe ich am Ufer zwei Lachmöwen auf einem Schild sitzen. Das Warnschild zeigt zwei durchgestrichene Wellenberge. Das bedeutet, Sog und Wellenschlag sind an dieser Stelle des Sees zu vermeiden. Das

Stand-up-Paddler am Müggelsee

Fährboot verlangsamt sofort seine Fahrt. Zum nächsten Halt, dem Ausflugslokal Neu-Helgoland, kamen die Berliner bereits vor hundert Jahren. Unter uralten Weiden kann man hier im Biergarten sitzen und den Graureihern beim Fischen zusehen oder Ruderer und Paddler anfeuern. Hinter Neu-Helgoland wird es eng. Wenn sich die Fähre auf die Müggelspree begibt, kommt man ganz dicht am Ufer an alten schönen Holzhäusern vorbei und bekommt schon einen kleinen Eindruck, wie Neu-Venedig aussehen wird. Dieser Ort wird ausführlich in Tipp 38 auf Seite 190 beschrieben.

Schöne Einblicke in einmündende Kanäle zeigen Seerosen und immer wieder Graureiher, die hier mit gravitätischen Schritten durchs hohe Gras schreiten. Am Ende der Fahrt legt die Fähre am Anleger der Kruggasse an. Von hier gelangt man ins alte Fischerdorf Rahnsdorf, dessen Fischer ich auf Seite 174 ein eigenes Kapitel gewidmet habe. Vom Fähranleger sind es nur drei Fußminuten zur Kirche, um die sich die alten Bauern- und Fischerhäuser gruppieren. Doch die meisten, die in Rahnsdorf aussteigen, machen es sich gleich im Biergarten von Fischermeister Thamm gemütlich, dem einzigen verbliebenen Fischer am Müggelsee. Am Wochenende verkehrt übrigens genau hier die einzige Ruderfähre in Berlin. Bei Bedarf rudert der Fährmann Gäste ans andere Ufer, an dem man die hübschen Wochenendhäuser auf den Spreewiesen sieht.

Fähr-Anlegestellen:
Müggelwerderweg und Kruggasse, beide 12589 Berlin-Rahnsdorf; Müggelhort und Neu-Helgoland, beide 12559 Berlin-Müggelheim. Die Fähre verkehrt nur in der Saison (von Karfreitag bis zum 3. Oktober).

Anreise mit dem ÖPNV: Der Fähr-Anleger ist etwa 20 Gehminuten vom S-Bahnhof Rahnsdorf entfernt. Am besten erreicht man ihn aber mit der Tram 61 oder mit dem Bus 161 oder N64. Von der Endstation Rahnsdorf/Waldschänke sind es noch rund 800 Meter bis zur Fährstation Müggelwerderweg.

Fähren: Die Fähren F10, F11, F12, F21, F23 und F24 gehören praktischerweise zum Netz der BVG und können mit einem gültigen Fahrschein ohne Zusatzkosten benutzt werden. Kosten: BVG-Tarif 2,90 EUR, ermäßigt 1,80 EUR. Für eine einzelne Fährstrecke, beispielsweise von Neu Helgoland zur Kruggasse, gilt der Kurzstreckentarif vom 1,90 EUR, ermäßigt 1,40 EUR. Auf der Fähre und an den Anlegestellen gibt es keine Fahrkarten zu kaufen. Wer die Fähre nutzen will, muss die Fahrkarten vorab besorgen. Wer mit der BVG anreist, kann mit demselben Ticket auch die Fähre nutzen.

Restaurant:
- Neu-Helgoland: Montag bis Samstag 10 bis 2 Uhr; warme Küche gibt es von 11 bis 23 Uhr; Neuhelgoländer Weg 1, 12559 Berlin; *neu-helgoland.de*

32 Berlins größter Asia Markt

DAS DONG XUAN CENTER

Paris, London, New York – jede dieser Städte hat ihre Chinatown. Die hat Berlin bislang noch nicht. Dafür aber einen der größten Asia-Märkte Europas, den riesigen Dong Xuan Markt. „Dong Xuan" bedeutet Frühlingswiese.

IM OSTEN BERLINS

Nun ja, wollen wir ehrlich sein, wie eine Frühlingswiese sehen die gigantisch großen Hallen im Bezirk Lichtenberg nun wirklich nicht aus. Es ist ein Abenteuer der ganz anderen und besonderen Art, sich hier in das asiatische Gewimmel zu stürzen. Eine verrückte Reise in das vietnamesisch angehauchte Berlin. Asiatisch anmutende Stadtteile gibt es in Berlin eigentlich gar nicht und eine wirkliches Chinatown fehlt auch. Allein um die Charlottenburger Kantstraße ballen sich einige chinesische Geschäfte und Restaurants. Der Osten Berlins dagegen kennt viele vietnamesisch-geführte China-Imbisse und eben jenes sagenumwobene Dong Xuan Center.

Reiche Kleiderauswahl

Über 16.000 Vietnamesen kamen im Zuge des Vertragsarbeiterabkommens zwischen der DDR und der Volksrepublik Vietnam 1988 als Fabrikarbeiter nach Ostberlin. Unter ihnen auch Nguyen Van Hien. Er arbeitete in der DDR in einem Baukombinat und

Gut behütet

IM OSTEN BERLINS

Die Eingangspforte

handelte nach der Wende mit Textilien. Heute ist er Geschäftsführer der Dong Xuan GmbH, die seit 2005 das Dong Xuan Center in der Lichtenberger Herzbergstraße betreibt. Beim Dong Xuan Center handelt es sich um ein Großhandelszentrum, das mit seiner Fläche von 160.000 Quadratmetern das größte seiner Art in Westeuropa ist. Es besteht aus fünf Hallen, in denen 2000 selbstständige Händler ihre Waren und Dienstleistungen anbieten. Ursprünglich als reiner Großmarkt geplant, waren die ersten Kunden des Centers vietnamesische Ladenbesitzer aus der Region, die dort Waren für ihre kleinen Geschäfte einkauften.

Wer die Wahl hat, hat die Qual

Sauer-Scharf-Suppe

Doch schnell wurden die Hallen des Dong Xuan Centers zum kunterbunten Dreh- und Angelpunkt der vietnamesischen Community Berlins. Neben den bestehenden Geschäften mit Kleidungs- und Haushaltswaren finden sich auf dem Gelände heute zahlreiche vietnamesische Restaurants, Tante-Emma-Läden, Friseure, Nagelstudios, Reisebüros und sogar eine vietnamesischsprachige Fahrschule. Der Wunsch von Nguyen Van Hien für die Zukunft wäre eine „Vietnam Town" für Berlin mit einem Kulturzentrum, in dem sich der Osten und Westen begegnen.

Info

Lage: Herzbergstraße 128-139, 10365 Berlin-Lichtenberg

Anreise mit dem ÖPNV: An der Straßenbahnhaltestelle Herzbergstraße (Tram, M4, M5, M6, Busse 21, 27) aussteigen. Das Eingangstor zum Asia Markt befindet sich direkt auf der anderen Straßenseite.

Öffnungszeiten: Montag, Mittwoch bis Sonntag 10 bis 20 Uhr, Dienstag geschlossen

Eintritt: kostenlos

Website: *dong-xuan-berlin.de*

HINWEIS: Das Dong Xuan Center ist rollstuhlgeeignet.

33 Schwarzer Kater und stiller Held

WERNER-KLEMKE-PARK

Berlinerinnen und Berliner aus dem Osten kennen Werner Klemke vor allem als Illustrator der Titelseiten der monatlich erscheinenden Kulturzeitschrift „Das Magazin". Dieses Heft war in der Presselandschaft der DDR allein deshalb etwas Besonderes, weil darin erotische Themen in Wort und Bild relativ freizügig behandelt wurden. (Für alle Westler: „Das Magazin" wird auch heute noch verlegt).

Die meisten kennen Werner Klemke von all den Werken, die auf den großen Gedenktafeln im Park genannt sind. Als feiner Illustrator der Märchenbücher von Hans Christian Andersen oder des Dekameron von Boccaccio oder aber eines der anderen mehr als 800 (!) Bücher, die er gestaltet hat.

Einen Park nach einem beliebten Grafiker, Trickfilmzeichner, Buchgestalter oder Illustrator zu bezeichnen, geschieht selbst in Berlin nicht sehr häufig. Die meisten der über 2000 Parkanlagen der Stadt wurden schließlich nach Bürgermeistern, Landschaftsarchitekten oder Komponisten benannt. Allein deshalb ist dieser Park in Berlin-Weißensee schon etwas Besonderes.

An der Fassade des Hauses im Ortsteil Weißensee, in dem Werner Klemke lebte und arbeitete, begrüßt einen ein fröhlicher, pinselschwingender Kater. Er war der Glücksbringer und das Markenzeichen von Werner Klemke, den er regelmäßig auf den Titelseiten des Magazins versteckte. „Malen Atelier Werner Klemke" steht auf dem Wohnhaus, weil auch nach Klemkes Tod 1994 in seinem Atelier weiter gemalt und gezeichnet wird. Denn Tochter Christine und Enkel Gregor führen sein Werk nun fort und unterrichten hier Erwachsene und Kinder. Eine Gedenktafel am Haus spricht von einem stillen Helden. Klemke hat darüber, wie er im Zweiten Weltkrieg Menschenleben rettete, nie öffentlich gesprochen. Deshalb sei es hier noch einmal erwähnt. Auf welche Art kann ein Illustrator Menschenleben zu Kriegszeiten retten? Indem er Lebensmittelkarten fälscht und jüdischen Menschen Ausweiskarten und Abstammungsurkunden verschafft. Klemke hatte sich in Holland einer jüdischen Widerstandsgruppe angeschlossen. Das sollte man wissen, auch wenn keine einzige Gedenktafel in der so geschichtsbewussten Stadt Berlin darauf hinweist.

Fassade des Klemke-Hauses

IM OSTEN BERLINS

Infotafel

Folgt man vom Wohnhaus aus der Tassostraße und macht an der Pistoriusstraße einen Schlenker nach rechts und an der Woelckpromenade einen Schlenker nach links, kommt man zuerst einmal am Jürgen-Kuczynski-Park vorbei. Eine sitzende Bronzefigur und Gedenktafeln erinnern hier an den Historiker. Am Kreuzpfuhl, einem hübschen kleinen See vorbei, gelangt man dann in den Werner-Klemke-Park.

Einem Taxifahrer hat Klemke auf die Frage, wohin die Fahrt gehen soll, einmal gesagt: „Egal – bringen Sie mich irgendwo hin. Ich habe überall zu tun." Diese Anekdote, die

Der Kreuzpfuhl

sein Freund, der Schriftsteller Lothar Kusche, in einem Buch erzählt, ist bislang noch nicht auf Wikipedia zu finden. Doch wer auf die Website schaut, kommt aus dem Staunen nicht heraus. Das Werk von Werner Klemke ist gewaltig und außerdem war er auch noch ein großer Büchernarr. Mehr als 20.000 Bücher soll er besessen und tatsächlich gelesen haben. Das mache ihm mal jemand nach.

Hinweise am Kreuzpfuhl

Lage:
Tassostraße 21, 13086 Berlin-Weißensee. Die kleine Grünanlage Werner-Klemke-Park findet man zwischen Parkstraße und Woelckpromenade im Berliner Bezirk Weißensee.

Anreise mit dem ÖPNV: Zur Haltestelle Antonplatz fahren die Trambahnlinien 12, 50, M1 bis M4 sowie der Bus M13. Vom Antonplatz dauert es nur eine Fuß-Minute bis zu Klemkes Atelier in der Tassostraße 21.

Öffnungszeiten: Der Park ist täglich dauerhaft geöffnet.

Aktivitäten: Im Archiv & Atelier Klemke unterrichtet die Grafikerin Christine Klemke am Montag von 16:30 bis 19:30 Uhr Erwachsene und dienstags und freitags ab 16 Uhr Kinder. An Samstagen finden hier Kurse im Malen und Zeichnen statt. Das Atelier ist offen für alle, die gerne zeichnen; Anfragen unter Tel. 0179 2903914

Website: *atelier-klemke.de*

34 Wasserparadies

DER LETZTE FISCHER VOM MÜGGELSEE

Seit zwölf Generationen wird im alten Fischerort Rahnsdorf am Müggelsee gefischt. Andreas Thamm führt als der einzige Fischer am See diese Tradition fort, und auch die nächste Generation steht schon mit dem Netz bereit.

IM OSTEN BERLINS

Andreas Thamm

Der Gang über die Dorfstraße von Rahnsdorf mit ihren alten Pflastersteinen macht einem unweigerlich klar, dass man hier im ländlichen Berlin gelandet ist. Die Müggelspree schimmert mit ihrem klaren Wasser immer wieder zwischen den Häusern durch. Das Fischerhaus der Familie Thamm liegt genau gegenüber der Dorfkirche, dem markantesten Gebäude des kleinen Angerdorfes. Rechts am Haus vorbei geht es hinunter ans Wasser. Im Frühling und Sommer ist dieser Ort schon deshalb nicht zu verfehlen, weil einem aus dem Biergarten unten an der Müggelspree ein fröhliches Stimmengewirr entgegenhallt.

Der einzige Fischer des Müggelsees hat hier in unmittelbarer Nähe zum Anlegesteg der Motorfähre 23 seine Fischräucherei und seinen Fischverkauf. Seit über 50 Jahren ist Andreas Thamm nun schon Berufsfischer. Derzeit bildet er seine Tochter Maria zur Fischerin aus. Wenn sie seine Nachfolge antritt, wird Maria Thamm die erste Berufsfischerin des Müggelsees sein, seit es das uralte Fischergut von 1550 überhaupt gibt. Damals lebten vornehmlich noch Slawen im kleinen Fischerort. Während hier heute fangfrisch Karpfen und geräucherte, goldschimmernde Makrelen, Rotbarsche und Aale verkauft werden, zeigt sich auf der anderen Seite des Gewässers bereits die Fähre.

Sie ist genauso einzigartig wie das denkmalgeschützte Fischerboot, mit dem der Fischer auf den See hinausfährt. Denn sie ist die einzige Ruderfähre Berlins. Die Fährlinie F24, die genau hier zwischen Rahnsdorf und Müggelheim verkehrt, bringt ihre Pas-

Preise im Sommer 2021

Räucherhütte

sagiere tatsächlich handrudernd auf die andere Seite. Im Sommer wechselt sie sich allerdings mit einer Elektrofähre ab.

Andreas Thamm ist einer von sechs aktiven Berufsbinnenfischern im Osten Berlins. Er berichtet von seltsamen Fischen, die ihm in den letzten Jahren untergekommen sind. Große, goldschimmernde, karpfenartige Fische entstehen, wenn sich Karpfen mit Goldfischen kreuzen, die hier ausgesetzt wurden. Diese Riesengoldfische setzt er natürlich umgehend wieder aus. Auch der Stör, der neuerdings wieder an der Oder angesiedelt wird, gerät ihm ab und an in die Netze. Denn dieser Wanderfisch durchwandert eben auch ab und an den Müggelsee. Das Wasser des Sees ist sehr nährstoffhaltig. Lachse gibt es hier aus diesem Grund nicht. Aber eben Karpfen, Hechte, Aale und Schleien, fast die gesamte Süßwasserpalette an Fischen.

Als die Wasserstraßen noch nicht durch Schleusen geregelt wurden, gab es rund um Rahnsdorf und den Müggelsee noch mehr Fische. Die Fischmenge, so Fischer Thamm, nimmt neuerdings ab, aber die Artenvielfalt nimmt wieder zu. Weil die Wasserqualität von Jahr zu Jahr besser wird, siedeln sich nun auch wieder Fische an, die eine hohe Wasserqualität benötigen, wie der Binnenstint und die Schleie.

Der Lieblingsfisch des Fischers ist übrigens der Zander. Für ihn bei Weitem der attraktivste Süßwasserfisch: „Den Zander kann man kochen, braten, dünsten. Zander im Gemüsebett, das ist ein Traum."

Info

Lage:
Müggelseefischerei, Andreas Thamm, Dorfstraße 13, 12589 Berlin

Anreise mit dem ÖPNV: S-Bahnlinie S3 (Westkreuz- Erkner) bis Bahnhof Rahnsdorf. Von dort mit dem Bus 161 bis zur Haltestelle Grünheider Weg oder gleich zu Fuß durch den Wald und über die Ortsmitte zum Fürstenwalder Damm, über den Ukeleipfad/Mühlenweg/Dorfstraße bis zur Abfahrtstelle der Fähre 23, welche in unmittelbarer Nähe der Kirche liegt. Im Sommer fährt die kleine Motorfähre Linie 23 zu jeder vollen Stunde von Rahnsdorf weiter zu den Haltestellen Müggelhort, Neu-Helgoland bis zur Haltestelle Kruggasse. Die Kosten für die Fähre entsprechen einer Busfahrt der Berliner Verkehrsbetriebe BVG.

Öffnungszeiten Fischverkauf: In der Regel ab Ostern bis in den Herbst an allen Wochenenden von 10 bis 18 Uhr geöffnet, Tel. 030 50560758

Aktivitäten:
- Kanuverleih: Am Küstergarten 18, 12589 Berlin; Tel. 0162 4850310, *kanuverleih-berlin.de*

HINWEIS: Die Fischer sind früher bei starkem Seegang rausgerudert, um Seenotrettung zu betreiben. Der Ursprung der DLRG Binnengewässer-Rettung liegt am Müggelsee. An der Kirche in Rahnsdorf werden die stillen Helden mit einem Denkmal geehrt.

35 Mit der Seilbahn unterwegs

IN DEN GÄRTEN DER WELT

Eigentlich würde man sie in den Alpen erwarten, am Matterhorn oder im Berchtesgadener Land. Doch seit April 2017 kann man nun auch in Berlin in einer Seilbahn über die Stadt schweben. Gute Aussicht inklusive.

Man findet die Gondelbahn vor den Toren einer Gartenanlage im Bezirk Marzahn, die sich Gärten der Welt nennt. Die Strecke ist 1,5 Kilometer lang und führt in einer fünfminütigen Fahrt von der Talstation Kienbergpark über die Mittelstation Wolkenhain zur Bergstation Gärten der Welt. Es geht dabei recht flott voran, denn die Geschwindigkeit beträgt immerhin sechs Meter pro Sekunde. Und wer das Glück hat, eine der sechs Kabinen mit gläsernem Boden zu erwischen, bekommt gratis etwas Gänsehautgefühl dazu. Da es insgesamt 64 Kabinen gibt, beträgt die Wahrscheinlichkeit auf einen Blick durch den Kabinenboden etwa eins zu zehn. Und wer den Nervenkitzel dann doch nicht braucht, wartet einfach auf die nächste Kabine.

Blütenpracht

Höhenrekorde bricht man mit der Seilbahnfahrt jedenfalls nicht. Wer wirklich hoch hinaus möchte, sollte sich lieber auf den Berliner Fernsehturm begeben. Aber immerhin ist der Kienberg mit seinen 102 Metern Höhe der sechsthöchste Berg Berlins. Wer so über die kunstvollen Gärten schwebt, bei dem kommt dann doch ein kleines bisschen Bergstimmung auf. Wenn die Seilgondelbahn ihre Besucher aber ins Gartengelände gebracht hat, geht der Spaß erst richtig los.

Die Gärten der Welt werden ihrem Namen wirklich gerecht. Wer möchte, besucht auf der floralen Weltreise einen italienischen Renaissancegarten mit Loggia und antiken Skulpturen, einen balinesischen Garten mit tropischer Pflanzenwelt, einen

Chinesisches Teehaus

koreanischen Garten mit Bambus-Pavillons und Fächerahorn oder aber kurz einmal ein chinesisches Teehaus und den dortigen schlicht angelegten Gelehrtengarten. Das „Teehaus zum Osmanthussaft" ist einem typisch chinesischen Berghaus nachempfunden. Vom Teehaus erreicht man andere chinesische Holzhäuser über Uferwege und eine Zickzackbrücke, so angelegt, damit die bösen Geister einem nicht folgen können.

„Wie der Gärtner, so der Garten", sagt ein hebräisches Sprichwort, und wenn man am jüdischen Garten angelangt ist, oder aber am sehr schön angelegten japanischen Zengarten, sieht man, dass Gärten auch Zeugnis einer tief verwurzelten Religion sein können. Berliner Buddhisten benutzen den japanischen Garten gerne zur Meditation, und der Tempel im Balinesischen Garten wird von den Hindus Berlins als religiöse Stätte benutzt.

Alle Gärten mit ihren Themenparks und ihren Erholungsinseln könnte man in höherem Gehtempo an einem einzigen Tag bewältigen. Aber „bewältigen" sollte man solch eine schöne Parklandschaft ja eben nicht. Überall sieht man die Besucher auf den Wiesen verteilt unter Kirsch- oder Ahornbäumen sitzen. Manche von ihnen haben einen Picknickkorb dabei und haben es überhaupt nicht eilig mit ihrer Weltreise. Warum auch? Im Sommer darf man bis zum Einbruch der Dunkelheit noch in diesem Paradies verweilen.

Lage:
Blumberger Damm 44, 12685 Berlin

Anreise mit dem ÖPNV: Mit der U-Bahn-Linie 5 Richtung Hönow bis zur U-Bahnstation Kienberg/Gärten der Welt. Von hier aus sind es nur wenige Minuten hinüber zur Seilbahnbahnstation Kienbergpark/Gärten der Welt und ab da schwebt man mit der Seilbahn über den Kienberg bis zur Station Gärten der Welt/Blumberger Damm.

Öffnungszeiten: täglich ab 9 Uhr bis zum Einbruch der Dunkelheit

Eintrittspreise (Tagesticket): Sommer (März bis Oktober Erwachsene 7 EUR, Kinder bis 5 Jahre frei), Winter (November bis Februar) Erwachsene 4 EUR

Aktivitäten:
- Auf dem Gelände der Gärten der Welt finden in der Arena regelmäßig Open-Air-Musikveranstaltungen statt. Von der Techno-Party über Filmmusik mit Feuerwerk bis hin zu Klassik- und Rockkonzerten ist im Laufe eines Jahres alles dabei.
- Für die kleinen Besucher gibt es einen Irrgarten, einen riesigen Kletterwal, einen Wasserwald, eine Riesenhängematte, ein Trampolin und Südseehütten. Ein Highlight ist der auf Erich Kästners berühmtem Kinderroman „Der 35. Mai" basierende Wasserspielplatz „Konrad reitet in die Südsee".

Restaurants: Zwar sind Picknickkörbe auf dem Gelände erlaubt, aber wer ihn vergessen hat, könnte auch italienisch, englisch, balinesisch oder chinesisch speisen. Es gibt aber natürlich auch Berliner Küche. Wer es entspannter mag, geht in das Café im Japanischen Garten oder genießt einen Tee im Chinesischen Garten.

Website: *gaertenderwelt.de*

36 Aufwind im Osten

BOCKWINDMÜHLE MARZAHN

Vor 150 Jahren gab es in Berlin genau 150 Windmühlen. Heute zählt man in der Stadt nur noch acht Mühlen. Die Bockwindmühle Marzahn ist zwar nur eine Rekonstruktion, doch die an historischer Stätte wieder errichtete Mühle ist einer der charmantesten Orte der Stadt. Oder kennen Sie einen anderen Ort, an dem man sich romantisch „vermehlen" kann?

IM OSTEN BERLINS

Kontraste

Der Ruf des Berliner Bezirks Marzahn-Hellersdorf ist nicht einer der besten. Immer noch leidet dieser Stadtteil an seinem „Platte"-Image. Gemeint sind die Plattenbausiedlungen, die in der DDR in den 1970er-Jahren errichtet wurden. Da im Rahmen der sozialistischen Hochhausbebauung auch eine alte, vollständig erhaltene Windmühle aus dem Jahr 1815 abgerissen wurde, beschloss der Ost-Berliner Magistrat 1982 an historischer Stelle wieder eine Bockwindmühle zu errichten.

Eine sehr gute Idee war das. Neben den Gärten der Welt (siehe Tipp 35, Seite 178), dem Helene-Fest auf dem Helene-Weigel-Platz oder dem von der französischen Künstlergruppe CitéCreation gestalteten Hochhaus Flower Tower an der Allee der Kosmonauten ist die Mühle Marzahn eine weitere schöne Überraschung im Stadtteil mit dem schlechten Image. Am besten gefällt mir, wie kreativ und innovativ man in Marzahn über die Nutzung von Mühlen nachdenkt.

Was für ein Kontrast. Ein wenig stolz steht die Mühle auf ihrem kleinen Hügel inmitten all der Hochhäuser und streckt ihre vier

Tierhof Alt-Marzahn

Flügel in den Berliner Himmel. Da die Mühle bislang mindestens an 200 Tagen im Jahr in Betrieb war, gehört sie zu den beliebtesten Mühlen in Berlin, wenn es darum geht, eine Mühle in Aktion zu erleben. Wer sich anmeldet, kann sehen, wie das hölzerne Innenleben der Mühle aussieht, und live dabei sein, wenn aus Roggenkörnern das Mehl für die „Marzahner Mühlenkruste" wird, ein in den Ökoläden Berlins sehr beliebtes Krustenbrot.

Während einer Führung erfahre ich den Ursprung des Spruches „Wer zuerst kommt, mahlt zuerst". Denn mit malen hatte es nichts zu tun, wenn die Bauern vor zweihundert Jahren mit ihrem Getreide in der Dämmerung vor der Mühle erschienen, um die ersten zu sein. Solange der Rüttelschuh die Körner gleichmäßig ins Steinloch beförderte, wusste der Bauer, dass sein Korn gemahlen wurde, was einen anderen Spruch aus dieser Müllerzeit erklärt: „Denn Klappern gehört zum Handwerk". Da die Bockwindmühle in Marzahn eine Erlebnismühle und ein lebendiges Museum ist, kann man hier genau erfahren, wie das Korn vor hundert Jahren gemahlen wurde. Wobei sich die Kinder am meisten für den Teil „Vom Korn zum Keks" interessieren und erstaunlicherweise dafür, dass man die Mühle mit Muskelkraft drehen kann.

Gemeint sind hier nicht die Flügel, sondern die fast 40 Tonnen schwere Mühle als Ganzes. Dank eines raffinierten Mechanismus gelingt es bereits wenigen starken Kerlen die ganze Mühle in die günstigste Windrichtung zu drehen.

Kurz noch zur eingangs erwähnten „Vermehlung". Der Mühlenverein Berlin kam 2010 auf die Idee, an der Mühle eine Hochzeitstreppe zu gestalteten. Und seitdem sind der kleine Tierpark samt Lama und die schöne Bockwindmühle immer wieder stolze Kulisse für Hochzeitspaare. Mühlen verleihen Paaren eben Flügel und haben etwas Verbindendes. Denn wie sagt das chinesische Sprichwort: „Wenn der Wind der Veränderung weht, bauen einige Menschen Mauern und andere Windmühlen."

Lage: Landsberger Allee/Allee der Kosmonauten, 12685 Berlin

Anreise mit dem ÖPNV: Zur Haltestelle Alt-Marzahn mit der Tram 18, M8 oder dem Bus 154, 192.

Öffnungszeiten: Jeden zweiten Sonntag in den Monaten April, Mai, Juni, September und Oktober von 15 bis 17 Uhr geöffnet. Unter der Woche tägliche Besichtigung und Führung nach Anmeldung.

Aktivitäten: Wer Zeit und Wind mitbringt, kann alle Arbeitsgänge der Mühle miterleben. Mühlenführungen dauern eine Stunde und kombinierte Mühlen- und Backveranstaltungen etwa 2,5 Stunden.

Buchung von Führungen: Tel. 0179 4910828

Website: *marzahner-muehle.de*

37 Büffel, Reiher und Biber

ERPETALWIESEN

Es ist lange her, dass sich im Fluss Erpe Lurche, Flusskrebse und Großmuscheln getummelt haben. Doch seit einigen Jahren erwacht das wilde Leben in diesem Naturpark in vollem Maße. Die Berliner, die den Weg in dieses Paradies finden, staunen jedes Jahr aufs Neue über die wachsende Artenvielfalt.

IM OSTEN BERLINS

Infotafel in der Wildnis

Wenn man jemanden mit verbundenen Augen in das drei Kilometer nördlich vom Großen Müggelsee gelegene Erpetal führen und den Blick dann freigeben würde, käme wohl kaum jemand auf die Idee, in Berlin zu sein. Was man in diesem Naturschutzgebiet im Südosten sehen kann, sind weite Naturräume mit Weidezäunen und Wasserbüffeln, die einen verdutzt aus dem hohen, ungemähten Gras anschauen. Oder tief im Wasser stehen, weil sie sich gerne in feuchten Bereichen aufhalten. Ich habe meine Wanderung am S-Bahnhof Hirschgarten begonnen und staune, wie schnell man von hier aus mitten in der Wildnis ist. Ein Naturführer verspricht mir besonders geschützte, seltene Pflanzenarten wie die Sumpfdotterblume, Kuckuckslichtnelke und Sumpfschwertlilie. Und auch in Berlin seltene Tiere wie Ringelnatter, Grasfrosch, Sumpfrohrsänger und Neuntöter. Gut zu wissen, dass diese Tiere hier in den Feuchtgebieten nun wieder zu den Hauptstadtbewohnern zählen und eine halbe Million Quadratmeter Wildnis in Berlin seit Jahrzehnten bewusst renaturiert wird. Dass ich bereits nach kurzer Zeit im Naturpark Wasserbüffel und Robustrinder entdecke, die hier als grasende Landschaftspfleger eingesetzt werden, hätte ich nicht erwartet.

Ich unternehme nur einen kleinen Streifzug durch den Naturpark Erpetal. Es ist ein Appetithappen sozusagen. Wer aber möchte, könnte vom S-Bahnhof Hirschgarten aus auch eine längere Wanderung machen, die einen elf Kilometer weit durchs ganze Naturschutzgebiet bis hinauf nach Brandenburg zur Rennbahngemeinde Hoppegarten führt. Das Erpetal ist eines der wenigen erhaltenen Fließtäler in Berlin. Aber Achtung! Es handelt sich

Meterhoher Pflanzenwuchs

nicht um ein wirkliches Tal, sondern um einen Flusslauf. Ähnlich wie im Tegeler Fließ, hoch im Norden Berlins, bietet eine solche Landschaft vielen gefährdeten Arten eine Heimat. Da das Landschaftsschutzgebiet jährlich überschwemmt wird, kommt man bereits nach einer Viertelstunde Fußmarsch von der S-Bahn an Röhrichtinseln und feuchten Wiesenflächen vorbei, sobald man sich der Erpe nähert. Dieser 32 Kilometer lange Nebenfluss der Spree ist viele Berlinern nach wie vor völlig unbekannt, was nicht von Nachteil ist, wenn man die wilde Einsamkeit sucht.

Ich mache es mir auf einer kleinen Bank mit einem Picknickkorb bequem und lese etwas betroffen eine Hinweistafel, die auf die

Liliengewächs

Gefahren des Wildentenfütterns hinweist. Also schaue ich den Enten nur nach und lausche, ob ich einen Grünspecht, Pirol oder den Sumpfrohrsänger hören kann, der hier in großer Zahl nisten soll. Bei meinem letzten Besuch hatte ich stolz einen Eisvogel und einen Moorfrosch entdeckt, der übrigens streng geschützt ist. Außerdem einen Feldhasen und eine Libelle, die mir später in einem Bestimmungsbuch als gebänderte Prachtlibelle beschrieben wurde.

Über 47 Brutvogelarten bauen hier ihre Nester. Seit einigen Jahren nutzen auch wieder Biber und Fischotter den gesamten Erpelauf. Als Berliner bin ich ziemlich stolz auf all diese Renaturierungserfolge und darauf, ein so schönes Paradies quasi direkt vor der Haustür zu haben. Es ist eines der schönsten Mikroabenteuer, das man in der Hauptstadt einplanen kann.

Info

Lage: Nordwestlich des Großen Müggelsees fließt die Erpe durch das Naturschutzgebiet Erpetal. In offiziellen Karten wird die Erpe auch als Neuenhagener Mühlenfließ bezeichnet. Die Wanderung ist Teil des Europäischen Wanderwegs E11. Wer möchte, könnte ihm bis hinauf nach Litauen folgen.

Anreise mit dem ÖPNV: Die Halbkreis-Wanderung dauert ca. zwei Stunden, beginnt am S-Bahnhof Hirschgarten (S3) und führt zum S-Bahnhof Friedrichshagen. Südlich vom S-Bahnhof Hirschgarten führt der Grillenweg über die Erpe. Nach der Straße am Wiesenrain geht es durch die Unterführung. Von dort aus dem östlichen Ufer der Erpe bis zur Kleingartenanlage Erpetal folgen. Dort führt eine Brücke über die Erpe. Folgen Sie dem rechten Ufer bis zur Brücke an der Kleingartenanlage Wiesengrund. Wer Berlin nicht verlassen möchte, wendet sich wieder Richtung Süden. Zum Kurpark am S-Bahnhof Friedrichshagen sind es nur 30 Fußminuten.

Öffnungszeiten: rund um die Uhr

Website: *nabu-hoppegarten.jimdo.com/projekte/naturlehrpfad*

HINWEIS: Der gesamte Naturlehrpfad im Erpetal würde den Rahmen dieses Buches sprengen, da der zwischen Hoppegarten, Ravensteiner Mühle und Heidemühle verlaufende Rundweg zum Teil in Brandenburg verläuft. Aber natürlich ist er auch außerhalb Berlins sehr sehenswert.

38 Die schönsten Kanäle Berlins

NEU-VENEDIG

Ursprünglich wurde dieses paradiesische Stück Berlin für Wassersportler der DDR entworfen. Heute ist das kleine Delta mit seinen fünf Kanälen und 13 Brückchen einer der zauberhaftesten Orte der Hauptstadt und erinnert ein klein wenig an die Lagunenstadt Venedig.

IM OSTEN BERLINS

Lauben und Villen

Diese Siedlung hat mehr mit Venedig gemeinsam als nur den Namen. Da wäre natürlich zuerst einmal der Charme. Klar. Wenn man über den Rialtoring oder den Lagunenweg schlendert und auf die idyllischen Kanäle hinabblickt, dann muss man unweigerlich an die italienische Stadt der Brücken und Gondeln denken. Rein zahlen- und größenmäßig kann Neu-Venedig mit seinen nur fünf Kanälen und 13 Brücken allerdings nicht mit seinem italienischen Vorbild mithalten. Es fahren hier – glücklicherweise – auch keine Gondeln. Natürlich auch keine Motorboote. Selbst der einst hier angedachte ruhige Spreewaldkahn ist nicht erlaubt. Wer sich einen der schönsten Orte Berlins vom Wasser aus erschließen möchte, kann dies nur mit einem Kanu oder einem kleinen Boot tun.

Die idyllische Siedlung Neu-Venedig versteckt sich zwischen Müggelsee und dem Dämeritzsee, der zur Hälfte bereits in Brandenburg liegt. Genau wie in Venedig verzweigt sich hier das Hauptgewässer, in diesem Fall die Müggelspree, in kleine Kanäle. Und genauso wie in Venedig ist dieses Gebiet von Hochwasser bedroht. Das ist auch der Grund, warum alle Bewohner in ihren hübschen Häusern bis heute kein Dauerwohnrecht erhalten.

Die Rialtobrücke

Denn alle Grundstücke müssen im Notfall geflutet werden können, um die Hauptstadt Berlin vor Hochwasser zu schützen.

Der höchste jemals hier gemessene Pegelstand wurde 1947 gemessen, als alle Ufer und Häuser auf den flachen Grundstücken unter Wasser gesetzt waren und nur noch die Straßen aus den Fluten hervorschauten. Beim Gang über die kleinen, gepflasterten Bogenbrücken, die nur für Fußgänger und Radfahrer erlaubt sind, kommt einem die damalige Flut aber nicht mehr in den Sinn. Neu-Venedig, dieser Geheimtipp in Berlins Südosten, liegt ruhig und friedlich da. Verzaubert uns mit seinen Seerosen und Schwänen. Ein Paradies, das auch die Bäume hier zu genießen scheinen und ihre Äste weit Richtung Wasser strecken.

Spreekanal

IM OSTEN BERLINS

Von der S-Bahnstation in Wilhelmshagen kommend, erreicht man die erste dieser kleinen Brücken, die nach der Rialtobrücke in Venedig benannt wurde, über den Lagunenweg. Am Rialtoring, der Neu-Venedig im Süden und Westen umschließt, geht es rechts ab zur Rialtobrücke. Gleich hinter der Brücke führt rechts der Schwanenweg in das Geflecht aus kleinen Kanälen, das einem trotz der geringen Anzahl wie ein Labyrinth vorkommt. So kann es gut sein, dass man sich, völlig verträumt und von der Schönheit der Sommerhäuser und kleinen Villen verzaubert, ein wenig verirrt und dann glaubt, an diesem oder jenem der insgesamt 374 Wassergrundstücke schon einmal vorbeigegangen zu sein. Neu-Venedig ist einer der schönsten Orte Berlin, an dem man sich ganz gefahrlos verlaufen kann. Ein Ausflugslokal im Finkenweg mit dem einprägsamen Namen Neu-Venedig kann man dann aber unmöglich verfehlen, da es an allen Ecken mit Hinweisschildern beworben wird. Der große Garten des Lokals liegt direkt am Wasser. Klar, dass auch die Enten Neu-Venedigs dieses Lokal als „Futterquelle" sehr schätzen.

Lage:
Spreedelta und Wohngegend im Ortsteil Rahnsdorf, 12589 Berlin

Anreise mit dem ÖPNV: Vom S-Bahnhof Wilhelmshagen mit dem Bus bis zur Haltestelle Schönblicker Straße. Danach fünf Minuten Fußweg über die Brücke am Kuckuckssteig.

Restaurant:
- Neu-Venedig: direkt am Wasser liegende Gaststätte mit großem Garten, die hungrigeren Wassersportlern und entspannungssuchenden Touristen gutbürgerliche Küche zu fairen Preisen verspricht; Finkenweg 348, 12589 Berlin, Tel. 030 6489309, *neu-venedig.de*

Website: *neu-venedig.de*

39 Die verwunschene Prinzessin

LEHRKABINETT TEUFELSSEE

Nicht wundern. Tatsächlich gibt es den Teufelssee in Berlin zweimal. Einmal im Westen und einmal im Osten. Hier ist die Rede vom Köpenicker Teufelssee. Dieser im Osten gelegene See ist ein klein wenig teuflischer als sein westlicher Kollege. So sagt es uns ein Märchen.

IM OSTEN BERLINS

Schwebender Naturlehrpfad

Kaum ein anderer Ort in Berlin ist so sagenbehaftet wie der Teufelssee und die Müggelberge. Das naturbelassene Teufelsmoor, der schaurig-schöne dunkle Wald und dieser von der Eiszeit geformte Teufelssee, der geologisch korrekt als eiszeitlicher Toteissee aus einem gewaltigen Eisblock entstanden ist und dessen Wasser so schwarz ist wie die Nacht. All dies lädt regelrecht zur Legendenbildung ein.

So soll es denn einer Sage nach hier eine unglückliche Prinzessin in einem Schloss gegeben haben, das einstmals ganz oben auf den Müggelbergen stand. Wie die Hüter und Förster des Waldes es sich früher erzählten, soll es der Teufel selbst gewesen sein, der die Prinzessin mit einem Fluch belegte. Mit einem gewaltigen Aufstampfen ließ er das Schloss die Hänge herabstürzen, sodass es mit wildem Tosen im schwarzen See versank. Die Prinzessin hatte den armen Teufel nämlich so in Rage gebracht, weil sie ihn verspottete, als er sie darum gebeten hatte, seine Frau zu werden. Doch ab und an erhebt sich nachts nun dieses Schloss

Naturbelassene Schönheit

in vollem Glanze wieder aus dem moorschwarzen Wasser und schwebt geisterhaft über dem See.

Kein Wunder, dass die Kinder voller Erwartungen an der Bushaltestelle Rübezahl am Müggelheimer Damm aussteigen. Sie freuen sich auf Märchen und Naturwunder gleichermaßen. Es sind nur wenige Minuten zum Teufelssee am Fuße der sagenumwobenen Berge. Die Kinder lieben die Märchen dieser Wälder ebenso, wie es Theodor Fontane getan hat, als er 1880 über die Müggelberge schrieb: „Sie liegen da wie der Rumpf eines fabelhaften Wassertieres, das hier in sumpfiger Tiefe zurückblieb, als sich die großen Fluten der Vorzeit verliefen."

Neben den Sagen, die zu den originären Kulturschätzen des Bezirks Köpenicks zählen, haben die Müggelberge und der Müggelwald jedoch auch ganz andere Schätze zu bieten. Die Schätze der Natur. Das ist auch der Grund, weshalb es am Teufelssee eigens begehbare, über der Moorlandschaft und ihren Röhrichtinseln schwebende Naturlehrpfade gibt. Man wandert über die erhöhten hölzernen Stege und erfährt auf einzelnen Stationen

Wissens- und Staunenswertes über die Flora und Fauna des Köpenicker Waldes und seines Teufelsseemoors. Zum Beispiel, dass es sich um ein Toteisloch mit ausgedehnten Schwimmblattzonen handelt. Oft sitzen hier dann alle zusammen, Kinder und Erwachsene, und lauschen einer Vogelstimmenführung oder auch einem Märchenerzähler.

Teufelssee (die Ostversion)

Wer möchte, kann sich auf einer Führung durch die von der letzten Eiszeit geprägten Müggellandschaft über die einheimischen Pilze informieren lassen. Die schützenswerte Urlandschaft aus Teufelssee, Teufelsseemoor und den Müggelbergen ist einzigartig in Berlin.

Info

Lage:
Lehrkabinett Teufelssee, Müggelheimer Damm 44, 12559 Berlin

Anreise mit dem ÖPNV: Mit der S-Bahn zum Bahnhof Köpenick und dem Bus 169 bis zum Halt Rübezahl.

Aktivitäten: Montag bis Donnerstag, Sonntag 10 bis 16 Uhr; Besuchergruppen nach Vereinbarung auch zu anderen Zeiten

Eintritt: 2,50 EUR

Aktivitäten: Das Lehrkabinett bietet saisonale Veranstaltungsreihen an wie Vogelstimmenführungen, Pilzberatungen und Gesundheitswanderungen.

Im Britzer Garten

Im Süden Berlins

40. Die Lokomotive im Wald: Natur-Park Schöneberger Südgelände
41. Mutter Fourage: Hofcafé und Galerie
42. St. Tropez in Berlin: Hafen Tempelhof
43. Dracula, Wein und eine Prinzessin: der Buschkrug-Motorikpark
44. Das Milchmädchen und der Ginkobaum: Schloss und Gutshof Britz und das Museum Neukölln
45. Sri Lanka und die Eiszeit: Hindutempel Murugan und der Fennpfuhl
46. Sambaschule, Zirkus, Kulturhof … : ufaFabrik
47. Die kreativen Ritter: Malzfabrik
48. Kräuter und Kunst in der Königsheide: Späth'sche Baumschulen
49. Das Geheimnis der Liebesinsel: Britzer Garten
50. Otto-Lilienthal Gedenkstätte: der Fliegeberg

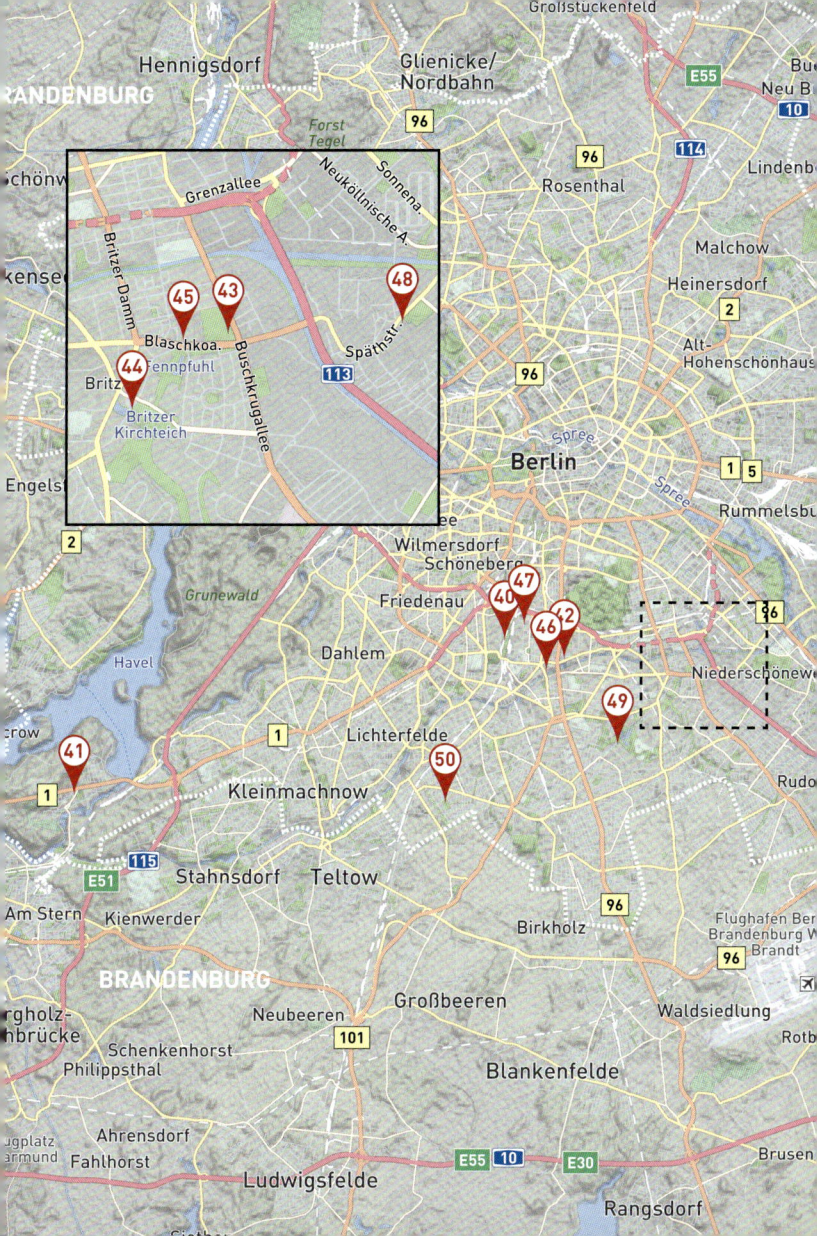

40 Die Lokomotive im Wald

NATUR-PARK SCHÖNEBERGER SÜDGELÄNDE

Dort wo sich früher in den 1920er-Jahren einmal ein großer Rangierbahnhof befand, darf die Natur sich das technische Gelände zurückerobern. Spannend: Auch die stillgelegten Gleise verwandeln sich in Dschungel und zwischen den Birken versteckt sich eine riesige Dampflok.

Die Lokomotive im Wald

Wer den Natur-Park Südgelände am nördlichen Eingang betritt und dem Pfad zwischen den Schienen folgt, betritt ein Reich bahnbrechender Natur. Im wörtlichen Sinne. Dort wo früher Waggons und Lokomotiven rangiert wurden, ist das Gleisbett vor lauter Pflanzen kaum mehr zu erkennen. Selbst die riesige Drehscheibe des ehemaligen Rangierbahnhofs Tempelhof ist völlig überwuchert.

Nach der Schließung des Anhalter Bahnhofs 1952 wurde die alte Rangieranlage überflüssig. Und genau wie im Märchen Dornröschen fiel die knapp 18 Hektar große Brache zwischen den S-Bahnstationen Südkreuz und Priesterweg in einen tiefen, jahrzehntelangen Schlaf. Doch anstelle eines Prinzen, der sich tapfer durch die Dornenhecken schlug, kam 1999 eine Bürgerinitiative und erklärte das Gelände offiziell zum Park. Seitdem kann sich die Natur frei entfalten. Laut den Naturschützern gibt es einen solchen Park nur ein einziges Mal auf der Welt. Und da ein Drittel des grünen Zaubers unter Naturschutz steht, dürfen Besucher große Teile dieses Dschungels nur von einer erhöhten Stahlstege aus betrachten.

Rangieranlage

Was man sieht, ist ein faszinierend zugewucherter Gleisfriedhof. Zwischen den Birken und Pappeln ragt ab und an ein Kunstprojekt in den Himmel. Überall erblickt man Relikte der alten Bahnanlage. Bremsklötze und Schwellen zwischen Robinien. Signalmasten, Pumpen und Weichen zwischen Birken und Ahornbäumen. Hoch über den Baumwipfeln ragt in der Ferne ein rostiger Wasserturm mit einem kugelförmigen rostroten Speicherkopf empor. Die alte riesige Rangier-Drehscheibe ist schon sehr pittoresk, doch getoppt wird alles vom absoluten Highlight des Geländes: einer alten Dampflokomotive, die wie in der Zeit festgefroren zwischen den Birkenbäumen stillsteht. Für alle Eisenbahnfans: Es ist eine Lok aus der alten Baureihe 50. Zwar ist das Klettern streng verboten, dennoch lieben die Kinder diese Dampflok.

Kunst und Natur im Südgelände

Den schönsten Ausblick über das Dornröschengelände hat man von einer der zwei Aussichtsplattformen, die von einer Künstlergruppe namens ODIOUS aufgestellt wurden. Passend zur Philosophie des Südgeländes sind sie in rostigem Stahl gehalten. Die Künstlergruppe war es auch, die für Besucher Stege, Baumhäuser und Röhren erbaute, um sich die Natur behutsam und achtsam zu erschließen.

Morbide Technik trifft auf wildes freies Leben. Zur Freude der Besucher entdeckt man im Sommer hier sogar grasende Schafe. Es soll, so sagte mir eine Biologin, auf dem ehemaligen Gleisgelände Pflanzen und Insekten geben, die man in der Stadt kaum erwartet hätte. So befinden sich unter den über 360 verschiedenen Spezies allein hundert verschiedene Bienenarten, von denen leider bereits 60 Arten stark gefährdet sind.

Lage: 12157 Berlin-Tempelhof, S-Bahnstation Priesterweg

Anreise mit dem ÖPNV: Der Hauptzugang zum Natur-Park liegt direkt am S-Bahnhof Priesterweg, erreichbar mit der S2, S25 / Bus 170, X76, M76 und 246. Man verlässt den Bahnhof Priesterweg Richtung Prellerweg und biegt oben am Ende der Bahnsteigtreppe links ab. Man erreicht den Park auch über die Fußgängerbrücke über die S-Bahngleise vom Hans-Baluschek-Park aus.

Öffnungszeiten: täglich ab 9 Uhr bis zum Einbruch der Dunkelheit, bei Abendveranstaltungen auch länger

Eintritt: Tageskarten Erwachsene 1 EUR, Kinder (unter 14 Jahren) freier Eintritt. Kassenautomaten gibt es an den Eingängen.

Ausstellung: Seit Ende März 2020 können sich Besucher mithilfe der Outdoor-Ausstellung „Bahnbrechende Natur" im und über den Natur-Park informieren.

Website: *gruen-berlin.de/projekte/parks/suedgelaende/ueber-den-park*

41 Mutter Fourage

HOFCAFÉ UND GALERIE

Verträumt und wildromantisch geht es im Ortsteil Wannsee zu. Dies gilt ganz besonders für den Hof Mutter Fourage. Das Ensemble aus kopfsteingepflastertem Hof, idyllischem Café, Kulturscheune und Gärtnerei verbreitet einen ganz besonderen Zauber.

IM SÜDEN BERLINS

So stellt man sich die kleinen Paradiese und Oasen vor, die man gelegentlich in einer hektischen Großstadt braucht. Lavendelduft und der Duft anderer Blüten mischen sich in der Nase mit dem Aroma von gutem Kaffee und frisch gebackenen Croissants, sobald man den Hof betritt. Das Kopfsteinpflaster, die schönen Terracotta-Töpfe aus Italien, überall kleine Ecken, in denen man es sich sofort gemütlich machen möchte. Das kleine Hofcafé bei Mutter Fourage ist genau der richtige Ort in Berlin, um einmal runterzufahren. Es ist auch ein idealer Platz, um den Tag mit einem Frühstück zu beginnen.

Hofcafé

Mutter Fourage

Ende der 1970er-Jahre galt der Hof Mutter Fourage noch als echter Geheimtipp. Mittlerweile avancierte das hübsche Kleinod zu einem beliebten Treffpunkt der Hauptstädter.

Vor allem Pflanzen- und Kulturbegeisterte lieben das kleine Café. Das Ensemble aus Kulturscheune und Galerie, kopfsteingepflastertem Hof, einer Gärtnerei mit einheimischen Stauden, südlichen Gewächsen und Terracotten, Hofcafé und Feinkostladen ist eine ideale Mischung aus Natur und Kultur. Ohne

Eine grüne, kreative Oase

Probleme kann man hier den ganzen Tag verbringen oder ihn mit einem Ausflug zur nahen Pfaueninsel verbinden.

Wie der hübsche Name Mutter Fourage schon augenzwinkernd mit einem Verweis auf Brechts Bühnenstück „Mutter Courage und ihre Kinder" andeutet, spielt die Kunst auf dem begrünten, fast hundertjährigen Hof eine ganz besondere Rolle. Die denkmalgeschützte Scheune mit ihrem schönen Zollingerdach bietet die Bühne für Klassik, Jazz, Weltmusik, Theater und Literatur. In den Galerieräumen werden Ausstellungen zu Malerei, Bildhauerei und Fotografie gezeigt. Natürlich ist die Galerie Mutter Fourage besonders der Berliner Secession und Künstlern wie Max Liebermann oder Philipp Franck verbunden, die zu Beginn des 20. Jahrhunderts auch im Ortsteil Wannsee gewirkt haben.

Der Name des Hofes Mutter Fourage geht übrigens darauf zurück, dass früher hier mit Mehl und Fourage (Futtermittel) gehandelt wurde. Fourage gibt es heute nur noch für Meerschweinchen und Kaninchen. Die Gäste, die in den Hofladen „Feine Kost" oder ins gemütliche Hofcafé einkehren, suchen andere Köstlichkeiten. Für die Gerichte, die in der grünen Oase des Hofes serviert werden, verwendet das Café saisonale Produkte aus ökologischem Anbau. Was mir besonders gut gefällt: Die frischen Kräuter gibt's quasi gleich aus dem Garten um die Ecke.

Eule aus Terrakotta

Lage: Chausseestraße 15a, 14109 Berlin-Wannsee

Anreise mit dem ÖPNV: S-Bahnhof Wannsee, Umsteigemöglichkeiten in die Buslinien 316, 118, 318. Fahrt zur Haltestelle Rathaus Wannsee. Nach ca. 150 Metern in der Chausseestraße liegt auf der rechten Seite der Eingang zum Hof.

Anreise mit dem Auto: Die Königstraße Richtung Glienicker Brücke entlangfahren. Am alten Rathaus Wannsee links in die Chausseestraße einbiegen. Nach ca. 150 Metern in der Chausseestraße liegt der Eingang zum Hof auf der rechten Seite.

Öffnungszeiten: Mai bis September 9 bis 19 Uhr, Oktober bis April 10 bis 18 Uhr, Tel. 030 80583283

Galerie: bei Ausstellungen Freitag 14 bis 18 Uhr, Samstag und Sonntag 12 bis 17 Uhr geöffnet, Tel. 030 8052311

Websites:
- *mutterfourage.de*
- *hofcafe-berlin.de*

42 St. Tropez in Berlin

HAFEN TEMPELHOF

Ein wenig St.-Tropez-Marina-Feeling kommt an Sommerabenden schon auf, wenn man in einer Strandbar am Pier 13 den Blick rund um Berlins schönstes Hafenbecken schweifen lässt. Von der begrünten kleinen Landzunge sieht man vor sich einen zwölf Meter langen Pool mit Strandbar, weiße Boote und Jachten sowie das prächtig illuminierte Terrassenschiff. Urlaubsstimmung kommt auf, wenn man dort einen Platz unter Palmen ergattert hat, einen Cocktail in Händen hält und die nackten Füße im warmen Sand verbuddeln kann. Über den glitzernden Reflexionen im Hafenbecken erhebt sich die ebenfalls in mediterranem Cremeweiß und Orange gehaltene Fassade des alten Speichergebäudes mit ihrem roten Dach.

Der größte Binnenhafen des Teltowkanals hat sich zu einer richtigen Schönheit entwickelt. Berlins größter Getreidespeicher wurde hier zum Shoppingcenter mit Marina und Wasserstraßenanschluss, einem Fährbetrieb und einer eigenen Schwebebahn.

Nur die vier restaurierten historischen Lastenkräne, die sich imposant vor dem alten Lagerhaus aufreihen, wollen nicht zur Mittelmeerstimmung passen. Sie zeugen noch von der Zeit, als im größten Hafen am Teltowkanal auf fünf Stockwerken Getreide und unverzollte Waren eingeliefert wurden. Der 1908 eröffnete Speicher war einer der ersten und auch einer

Das Hafenbecken

der größten in Deutschland. Vor über hundert Jahren verfügte der Speicher sogar über einen eigenen Eisenbahnanschluss.

Obwohl das riesige Lagerhaus im Zweiten Weltkrieg stark beschädigt wurde, konnten 75 Prozent aller Hilfsgüter der sogenannten Luftbrücke hier zwischengelagert und an die Berliner Bevölkerung verteilt werden. Von den Berlinern wurden die Flugzeuge, die während der Berlin-Blockade 1948/49 auf dem nahen Tempelhofer Flughafen landeten, übrigens Rosinenbomber und Candy-Bomber genannt. Im Lagerhaus Tempelhof sind diese Süßwaren jedoch nie angekommen. Vielmehr wurden Schokolade, Bonbons und Kaugummi bereits beim Anflug über Tempelhof an kleinen selbstgebastelten Papierfallschirmen abgeworfen und schwebten in wartende Kinderhände.

Tempelhofer Pirat

IM SÜDEN BERLINS

Hafen und Ullsteinhaus

Der Bezirk Tempelhof ist seit 2009 Hansestadt. Und seit der Wiedereröffnung ist der denkmalgeschützte Speicher mit seiner sanierten Fassade aus Fachwerk und Basaltlava das architektonische Schmuckstück des Hafens. Man sollte sich übrigens nicht wundern, dass auf der rechten Seite des Speichers ein Teil der Fassade mit Tuffstein ausgekleidet ist. Es ist eine kleine Verbeugung vor dem Originalgebäude und der Zeit, als den Erbauern 1908 das Geld ausging, um die Fassadenarbeiten mit edlen Materialien fortzuführen.

Heute beheimatet der Speicher Berlins einziges Shopping-Center mit direkter Wasserlage und Anbindung an den Schiffsverkehr. Direkt gegenüber, auf der anderen Seite des Hafenbeckens, erhebt sich das 1926 erbaute Ullsteinhaus. Das erste Stahlbetonhaus Berlins mit seinem 77 Meter hohen Turm wurde eigens für den Ullstein-Verlag konzipiert und gilt bis heute als Wahrzeichen des Bezirks Tempelhof-Schöneberg. Bis 1957 war der imposante Backsteinbau das höchste Hochhaus Deutschlands. Bereits vor der Jahrtausendwende ließ die berühmte Ullstein-Eule Federn und es etablierte sich hier die Fashion-Gallery Berlin. Man erreicht die andere Seite seit 2012 über eine kostenlose Personenfähre, die die Ostmole mit der Westmole des Hafens verbindet.

Einen besonders guten Rundum- und Vonobenblick auf den Hafen hat man übrigens von der Brücke am U-Bahnhof Ullsteinstraße. Was die meisten Betrachter dabei nicht ahnen ist, dass dieser Blick nur möglich ist, weil die Straße hier erhöht wurde. Einerseits wurde dadurch die Mindestdurchfahrtshöhe für Schiffe von 4,6 Metern gewährleistet. Andererseits fand durch die Erhöhung auch die unter der Brücke über den Teltowkanal schwebende U-Bahn Platz. Und so findet sich an dieser Stelle die geheimste Schwebebahn Berlins.

Renoviertes Lagerhaus

Lage:
Tempelhofer Damm 227, 12099 Berlin

Anreise mit dem ÖPNV: Mit der U-Bahn-Linie 6 bis zur Haltestelle Ullsteinstraße. Vom Bahnhof aus sind es nur zwei Minuten zum Hafen, der sofort zu sehen ist.

Öffnungszeiten: täglich

Eintritt: kostenlos

Website: *tempelhofer-hafen.com*

HINWEIS: Das Areal ist rollstuhlgeeignet.

43 Dracula, Wein und eine Prinzessin

DER BUSCHKRUG-MOTORIKPARK

Im Jahr 1811 eröffnete Turnvater Jahn in der Hasenheide seinen ersten Turnplatz. Und so verwundert es nicht, dass ausgerechnet in Neukölln der größte Bewegungs- und-Fitnesspark Deutschlands zu finden ist. Heute trägt er, nach seiner Renaturierung, ganz zu Recht den Beinamen Motorikpark.

IM SÜDEN BERLINS

Fast Hälfte des fast 80.000 Quadratmeter großen Parks wurde auf Initiative eines ehemaligen Zehnkämpfers, des Sportwissenschaftlers Roland Werthner, mit zahlreichen Fitnessgeräten ausgestattet. Entlang seiner Wege kann man sich spielerisch auf einem Fitness-Parcours mit zahlreichen Übungsgeräten in Form bringen, seine Balance und Geschicklichkeit üben oder einfach nur Spaß haben. Kein Wunder, dass dieser an einem Akazienwäldchen gelegene Park vor allem bei Familien mit Kindern sehr beliebt ist.

Sitzkunst im Park

Kinder lieben vor allem die Kippbretter auf dem sogenannten Chaosweg. Auf immer neue Art und Weise bringen die wackligen Bretter, die auf Federn befestigt sind, den Körper aus dem Gleichgewicht. Auf spielerische Art werden so das Koordinationsvermögen und gleichzeitig die Rumpfmuskulatur trainiert. Offiziell nennt die Sportwissenschaft diese Art des gezielten Bein- und Rumpftrainings „Different Walking". Eltern und Erzieherinnen brauchen hier keinen großen Trainingsplan und auch keine besondere Ansprache, um die Kinder zu motivieren. Die oft verblüffend schwierigen Balance- und Geschicklichkeitsgeräte wirken von sich aus begeisternd.

Blickt man auf dem Rundweg von einer Anhöhe über die zentrale Liegewiese, sieht man linker Hand Wasserspiele, und in der Ferne, in Richtung Buschkrugallee, erhebt sich eine riesige Draculafigur, die sich bei näherer Betrachtung als Rutschbahn entpuppt. Auf dem zentral gelegenen Europaspielplatz, auf dem einige Berliner Wahrzeichen wie der Fernsehturm und andere

Spiel- und Picknickplatz

Sehenswürdigkeiten aus anderen europäischen Städten zu sehen sind, finden auch kleinere Kinder ihren Fitness-Parcours.

Wer heute hier turnt oder seine Geschicklichkeit testet, ahnt kaum, dass das Gelände eine sehr bewegte, teils abenteuerliche Geschichte hinter sich hat. Vor hundert Jahren wurde hier noch Kies abgebaut, vor etwa 350 Jahren wurde in dieser Gegend Wein angebaut und vor 1600 Jahren diente der Ort als kultische Begräbnisstätte. Aber der Reihe nach. Fangen wir mit dem Wein an. Die alte Berliner Tradition wird heute nur wenige Hundert Meter vom Buschkrugpark entfernt, im vielfältigsten Weinanbaugebiet Berlins, fortgeführt. Auf einem Grundstück des Fördervereins der Britzer WeinKultur am Britzer Koppelweg gedeihen Rebstöcke mit mehr als 28 Rebsorten. Unter anderem Muskat, Grau- und Spätburgunder.

Längst vergessen sind allerdings die Zeiten, in denen das Gelände als Bestattungsplatz diente. Bekannt wurde der Ort, als Bauarbeiter 1951 hier zwei menschliche Skelette aus der Zeit der Völkerwanderung entdeckten. Weil man im Mund des etwa 16 Jahre alten hier bestatteten Mädchens eine Goldmünze fand, wurde der Teenager in den Medien bald als Britzer Prinzessin bekannt. Im 5. und 6. Jahrhundert war es üblich, Verstorbenen ein Fährgeld für den Weg ins Totenreich Hades mitzugeben. Mit dem Goldstück wurde der Fährmann bezahlt. Man war sehr erstaunt, dass diese eigentlich aus der Antike und dem Mittelmeerraum stammende Sitte von den Germanen im Berliner Raum übernommen worden war.

Lage: Der Park am Buschkrug liegt im Berliner Ortsteil Britz des Bezirks Neukölln, im Straßenkarree Blaschkoallee, Buschkrugallee, Hannemannstraße und Riesestraße, 12347 Berlin.

Anreise mit dem ÖPNV: Der Park ist unmittelbar am U-Bahnhof Blaschkoallee zu finden, der zur U-Bahn-Linie 7 gehört. Man kann ihn auch mit den Bussen 170 und 171 erreichen; Haltestelle Buschkrug.

Öffnungszeiten: täglich, durchgehend

Eintritt: kostenlos

Aktivitäten: Neben den motorischen Übungsgeräten gibt es noch einen überdachten Grillplatz, den man gut an dem vier Meter hohen Essbesteck erkennen kann, das die Überdachung trägt. Es gibt ein kleines Café am Buschkrug und eigene Park-Toiletten. Nur zehn Gehminuten vom Park entfernt, kommt man an der Blaschkoallee am wohl prächtigsten Standesamt der Stadt vorbei, einem ehemaligen Krankenhaus im neugotischen Stil, und ein wenig weiter zu einem farbenprächtigen Hindutempel, der in Tipp 45 auf Seite 222 beschrieben wird.

Website: *park-am-buschkrug.de/Motorikpark*

44 Das Milchmädchen und der Ginkobaum

SCHLOSS UND GUTSHOF BRITZ UND DAS MUSEUM NEUKÖLLN

Ein Rittergut, ein hochdekoriertes Museum, eine Musikschule, ein Milchmädchen und ihr zerbrochener Krug, ein uralter Baum und ein Schloss sind nur einige der vielen Attraktionen, die in Britz auf einem Areal aus dem 14. Jahrhundert zu besichtigen sind.

Betritt man den Naturlehrpfad im Schlosspark Britz, so kommt man bereits kurz nach dem Eingangstor zum ältesten Ginkobaum Berlins, der um 1880 herum hier gepflanzt wurde. Eine Plakette weist den Weg zu diesem Riesen mit drei Meter Stammumfang, dessen majestätische Baumkrone in heißen Sommern reichlich Schatten spendet. Die meisten Besucher schenken dem Baum leider genauso wenig Beachtung wie dem links davon zu sehenden

Das Milchmädchen

traurigen Milchmädchen. Dabei verbergen sich einige spannende Geschichten dahinter. Einerseits die bekannte Fabel von Jean de la Fontaine, nach der ein Milchmädchen sich bereits in der Fantasie ausmalt, was sie sich vom Erlös ihrer Milch kaufen wird. Doch ihr Krug zerbricht und somit auch ihr Glück. Diese berühmte Fabel und Milchmädchenrechnung wurde im Schlosspark durch die Skulptur des russischen Bildhauers Pawel P. Sokolow in Szene gesetzt. Dramatisch dabei auch die Geschichte, wie die Bronzeplastik zum Schutz vor Dieben im Zweiten Weltkrieg vergraben wurde, um dann doch verlorenzugehen. Im Park ist nun eine Nachfertigung zu sehen. Das traurige Milchmädchen sitzt auf einem Findling, vor sich ihr zerbrochener Krug, aus dem – zum Glück für die Vögel des Parks – unentwegt Wasser rinnt.

Vom Milchmädchen aus bietet sich ein schöner Blick aufs Schloss Britz, dessen historische Räume aus der Gründerzeit immer wieder für Ausstellungen und Konzerte, aber auch als Filmkulissen genutzt werden. Die hier zur Zeit der Renaissance entstandenen Räume überraschen mit vielen Details wie einem

Exponate im Schloss Britz

Original-Kachelofen, einem Zimmerspringbrunnen, einer sparsam bekleideten Wassernixe, die als Lampe fungiert, und einer Papiertapete, die täuschend echt Seidenstoffe imitiert. Dabei wurde auf dem Areal dieses 300-jährigen preußischen Herrenhauses, das zu einem Juwel in der Berliner Schlösserlandschaft gehört, tatsächlich einmal Seide produziert. Es war um 1753, als die ersten Maulbeerbäume an den Hof kamen und die Seidenproduktion aufgenommen wurde.

Geht man durch den Park und dort auf dem Naturlehrpfad an einer der ersten Robinien vorbei, die in Deutschland gepflanzt wurden, kommt man nach kurzer Zeit zum angrenzenden Gutshof. Im ehemaligen Gutsverwalterhaus sind heute die zwei Konzertsäle, die Unterrichtsräume und das Tonstudio einer Musikschule untergebracht. Die alte, in italienischem Landhausstil errichtete Schmiede prägt mit ihrem Uhrenturm bis heute das Ensemble. Auf dem Gelände gibt es einen großen Biergarten und einen Tierhof. Alle Pferdestallungen und auch der um 1840 gebaute Ochsenstall sind saniert und werden heute vom Museum Neukölln

Das Museum Neukölln

als Veranstaltungssaal genutzt. Das Museum Neukölln zählt zu den profiliertesten regionalgeschichtlichen Museen Berlins. Neben seiner ständigen interaktiven Ausstellung „99 x Neukölln" und diversen Wechselausstellungen ist vor allem der Geschichtsspeicher interessant. Kein langweiliges, verstaubtes Archiv oder Depot, sondern das Gedächtnis des Bezirks als Ort der Begegnung und des Dialogs. Einmalig, wie innovativ und lebendig dieser Ort der Regionalgeschichte auch das Publikum selbst einbezieht. So gut, dass das Museum Neukölln mit dem renommierten Museumspreis des Europarates ausgezeichnet wurde. Der Eintritt ins Museum ist frei

Lage:
Alt-Britz 73-81, 12359 Berlin

Anreise mit dem ÖPNV: Vom U-Bahnhof Parchimer Allee (Linie 7) sind es über die Parchimer Allee und Fulhamer Allee ca. zehn Fußminuten bis zum Museum, Schloßpark und Gutshof.

Anreise mit dem Auto: Parkplätze stehen in der Parchimer Allee zur Verfügung. Folgt man dem Hinweisschild „Gutshof Britz", erreicht man Gutshof und Schloss in nur wenigen Minuten.

Öffnungszeiten: Museum Neukölln täglich 10 bis 18 Uhr, Schloss Britz Dienstag bis Sonntag 11 bis 18 Uhr. Der Gutshof ist täglich offen.

Restaurant:
- Buchholz: Das Restaurant befindet sich auf dem Gelände des Gutshofs und bietet in seinem schönen Biergarten traditionelle Landhausküche an; Alt-Britz 81, 12359 Berlin, *matthias-buchholz.de*

Websites:
- *schlossbritz.de*
- *gutshof-britz.de*
- *museum-neukoelln.de*

45 Sri Lanka und die Eiszeit

HINDUTEMPEL MURUGAN UND DER FENNPFUHL

Wer viele sakrale Bauten unterschiedlicher Religionsgemeinschaften in Berlin sehen will, sollte sich den Bezirk Neukölln begeben. Neben Kirchen und Moscheen gibt es hier auch eine Synagoge und ein buddhistisches Zentrum. Seit 2013 ist auch die fünfte Weltreligion mit einem hinduistischen Tempel vertreten.

IM SÜDEN BERLINS

Falls Besucher Neuköllns an der U-Bahn-Station Blaschkoallee einige orientalisch gewandete Frauen und Männer mit einem roten Punkt auf der Stirn auffallen, dann ist sicherlich Gebetszeit. Besonders prunkvoll fallen die Gewänder an hinduistischen Festtagen aus. Die Hindus sind auf dem Weg zum Tempel Sri-Mayurapathy-Murugan. Da den Neuköllnern aber diese Bezeichnung nicht so leicht über die Lippen geht, nennt man ihn in Britz einfach nur Murugan-Tempel. Die ersten Besucher des Tempels treffen sich frühmorgens zu ihren ersten Verehrungszeremonien. Im Laufe des Tages folgen fünf weitere Zeremonien.

Im Murugan-Tempel gibt es acht Schreine für unterschiedliche Gottheiten. Ähnlich der christlichen Dreifaltigkeit gibt es auch im Hinduismus eine Trinität, die Trimurti genannt wird. Die drei Aspekte des Göttlichen sind hier Brahma, der als Schöpfer gilt, Vishnu, der Bewahrer, und Shiva, der meist nur als derjenige genannt wird, der das Prinzip der Zerstörung verkörpert. Doch neben diesem destruktiven Zug steht Shiva eben auch für Schöpfung und Neubeginn. Shiva verkörpert, dem Glauben der Hindus nach, Erhaltung gleichermaßen wie Zerstörung. Im Berliner Hindutempel steht Murugan, zu dessen Ehren der Tempel errichtet wurde, im Mittelpunkt. Er ist der Sohn von Shiva und der Göttin Parvati und Bruder des elefantenköpfigen Gottes Ganesha, der deutlich auf dem Dach am Tempel (links oben über der Uhr) zu sehen ist.

Der einzige hinduistische Sakralbau in Berlin gehört zu den wenigen hinduistischen Tempeln überhaupt, die man auf der Nordhalbkugel findet. Man ließ eigens Handwerker aus Südindien einfliegen, die Türen, Tore und Schreine gefertigt haben. Die Götterfiguren, die man als Passant auch oben auf dem Dach sehen kann, schufen Stuckateure und Maler einer berühmten südindischen Bildhauerwerkstatt.

Ihr größtes Fest feiern die Berliner Tamilen Mitte August. Drei Wochen lang dauert dieses hinduistische Tempelfest und jedermann ist dazu eingeladen. Auf dem Gelände des Murugan-Tempels an der Blaschkoallee gibt es unterschiedliche Zeremonien, bei denen Obst, Milch, Honig und Gewürze geopfert werden. Den Höhepunkt des Festes bildet ein großer Prozessionsumzug, der traditionellerweise am Ende der ersten Septemberwoche stattfindet. Gegen zwölf Uhr begleiten Hunderte von Gläubigen, Musikern und Tänzern einen bunt geschmückten Wagen mit einem Bildnis des Tempel-Gottes Murugan. Es geht einmal ums Karree: die Blaschkoallee entlang, über den Britzer Damm, die Hannemann- und die Riesestraße und dann zurück zum Tempel.

Empfehlenswert ist vor oder nach der Tempelbesichtigung ein kurzer Gang zum Eiszeitsee. Er ist ein echter Geheimtipp. Wenn man am Hindutempel die Blaschkoallee überquert, kommt man in eine Parkanlage. Mit vollem Namen nennt sie sich Fennpfuhl-Park Britz. Egal ob man sich an der Weggabelung für den rechten oder linken Weg entscheidet, beide führen zum Fennpfuhl, einem recht unbekannten und versteckten Naturdenkmal. Obwohl der

Figurenensemble auf dem Murugan-Tempel

IM SÜDEN BERLINS

Eiszeitsee Fennpfuhl

kleine See mit seinem dichten Röhrichtgürtel und seinen Enten eine wirkliche Schönheit ist, wird er eigenartigerweise kaum besucht. Man sollte den kleinen Eiszeitsee übrigens nicht mit seinem Namensvetter in Berlin-Lichtenberg verwechseln. Dort gibt es einen Fennpfuhlpark mit einem See gleichen Namens, aus dem man früher im Winter Natureisblöcke geschlagen und damit die örtlichen Brauereien beliefert hat. Aber das ist eine andere Geschichte ...

Lage:
Blaschkoallee 48, Ecke Riesestraße, 12359 Berlin-Neukölln

Anreise mit dem ÖPNV: Mit der U-Bahn-Linie 7 bis zur Blaschkoallee. Von dort sind es etwa 200 Meter bis zum Tempel.

Öffnungszeiten: täglich 7:30 bis 12:30 Uhr und 16:30 bis 19:30 Uhr. Es finden täglich sechs Tempelfeiern statt. Die erste beginnt um 7:30 Uhr, die letzte um 19:30 Uhr. Anfragen unter Tel. 030 6946900.

Website: *mayurapathy-murugan-berlin.com*

HINWEIS: Das Tempelgelände steht Besuchern täglich offen. Es gibt nur wenige Regeln: Das Betreten des Tempels mit Schuhen ist nicht gestattet, es darf im Innenbereich nicht fotografiert werden, Alkohol und Zigaretten sind auf dem Gelände tabu und es sollten weder Fleisch noch Wurst mitgebracht werden. Hindus sind Vegetarier.

46 Sambaschule, Zirkus, Kulturhof ...

UFAFABRIK

In den Goldenen Zwanziger Jahren wurden auf dem Studiogelände der UFA im Stadtteil Tempelhof Filme wie „Metropolis" oder „Das Kabinett des Dr. Caligari" produziert. Heute erlebt man im Kultur- und Ökologieprojekt ufaFabrik, wie kunterbunt und vielfältig Berlin sein kann.

IM SÜDEN BERLINS

Café Olé

Im Frühling erwacht Berlin bei seinem schönsten Straßenumzug mit Sambaklängen aus dem Winterschlaf. Denn beim Karneval der Kulturen tritt neben Stelzenläufern, karibischen Tänzerinnen, Zirkuskünstlern und Balkan-Blechbläsern auch eine fantasievoll kostümierte Sambatruppe auf. Über 25 Jahre lang begleiteten die Künstler von Terra Brasilis mit ihrer Percussion den berühmtesten Karneval der Stadt und traten zu Zeiten vor dem Mauerfall – noch vor den Scorpions – als erste westliche Gruppe auf dem Roten Platz in Moskau auf. Heute hat die 15-köpfige Schar ihr Zuhause auf dem Gelände der alten UFA-Film Kopierwerke.

Hier, wo einst Marlene Dietrich und Fritz Lang arbeiteten, begrünt man heute die Dächer, übt Akrobatik im Kinderzirkus, backt Brot in der Biobäckerei oder repariert eine Leinwand im Kinosaal. Das selbstverwaltete Kulturgelände unweit des Tempelhofer Hafens ist mit seinem alternativen Kulturangebot, dem Kinderbauernhof und seinen Solarprojekten so einmalig in Berlin wie die Freistadt Christiania in Kopenhagen.

Das selbstverwaltete Projekt, das sich heute ufaFabrik nennt, fing mit einer friedlichen Besetzung im Sommer 1972 an. Die

Buntkunsthäuser

Mitglieder einer Kommune erwirkten in langen Verhandlungen mit dem Berliner Senat ein Bleiberecht und legalisierten die Besitzverhältnisse 1987 endgültig durch einen Erbpachtvertrag. Im Gegensatz zu anderen Besetzungen im damaligen Berlin verbarrikadierte man sich nicht. Vielmehr hing am Eingang des UFA-Geländes in den 1970er-Jahren ein großes Banner mit dem fröhlich bunten Schriftzug „Herzlich Willkommen". Diese positive Haltung der freundlich ausgestreckten Hand trug das soziale Kulturprojekt über die Jahrzehnte. Es kam eine Freie Schule hinzu, ein Kinderbauernhof, eine Kfz-Werkstatt, eine Freilichtbühne, zwei Theater- und zwei Kinosäle, zahlreiche Übungs- und Seminarräume und eines der erfolgreichsten Nachbarschafts- und Selbsthilfezentren der Stadt. Der Kabarettist Wolfgang Neuss feierte hier sein Comeback. Bürgermeister Klaus Wowereit kaufte früher in der hauseigenen Bio-Bäckerei seine Schrippen und auch heute trifft man gelegentlich die politische und kulturelle Prominenz Berlins auf der sonnenbeschienenen Terrasse des Café Olé. Dort sitzen sie dann mit ehemaligen, inzwischen ergrauten Kommunarden wie

Ein Himmelsfahrrad

dem Urgestein und Gründungsmitglied Juppy zusammen und debattieren über die Zukunft.

Juppi

Die hat längst Einzug gehalten. Die meisten Dächer sind begrünt, es gibt eine Windkraft- und eine Photovoltaikanlage, zwei Blockheizkraftwerke erzeugen eigenen Strom und Wärme, ein Regenwasserspeicher bewässert die Grünflächen und Toiletten des Areals, auf dem mittlerweile über 120 Mitarbeiter beschäftigt sind. Die freundliche Institution ufaFabrik verändert den Tempelhofer Kiez auf positive, nachhaltige Art. Wie schrieb schon der Spiegel im Jahr der Besetzung: „…. was Politiker versäumten, nehmen ein paar Hundert mutige Bürger selbst in die Hand."

Info

Lage: Viktoriastraße 10-18, 12105 Berlin-Tempelhof

Anreise mit dem ÖPNV: U-Bahnhof Ullsteinstraße (Linie 6); vom Ausgang Viktoriastraße geht eine Unterführung auf die andere Straßenseite. Von dort sind es noch drei Fußminuten bis zum Eingang des UFA-Geländes.

Öffnungszeiten: täglich

Eintritt: frei

Veranstaltungen: Jeden Sonntag findet auf dem Gelände der ufaFabrik ein Trödelmarkt statt. Aktuelle Veranstaltungen zum Bühnenprogramm, zum Varieté und Kinderzirkus kann man der Website entnehmen.

Website: *ufafabrik.de/de*

47 Die kreativen Ritter

MALZFABRIK

Der rote Klinkerbau einer stillgelegten Mälzerei im Bezirk Tempelhof ist eine pulsierende Kreativinsel abseits des lärmenden Großstadtgetümmels. Wer wissen will, was sich hinter einer Aquaponik-Farm verbirgt und wie Barsch und Basilikum zusammenkommen, dem sei dieses Malzabenteuer empfohlen.

IM SÜDEN BERLINS

Malzfabrik

„Es braut sich was zusammen", dieser Spruch wird wieder mit Bedeutung und Leben erweckt, wenn man sich mit der Vergangenheit der Malzfabrik Schöneberg beschäftigt. Erstaunt erfährt man bei den Führungen, dass es sich hier einst um die größte Malzfabrik Europas handelte. Über ein eigenes Eisenbahnnetz wurden vor über hundert Jahren Getreide, Malz und Kohle für die Öfen angeliefert. Pferdewagen rasselten ohne Unterlass über die Pflastersteine des Hofs und brachten die für die Bierbrauer so wichtigen Zutaten zu den zahlreichen Brauereien der Stadt. Um das Jahr 1900 war Berlin immerhin Europas größter Bierproduzent. Heute aber werden hier keine Produkte fürs Bierbrauen, sondern clevere Ideen produziert.

Als ich vor Jahren das erste Mal die Malzfabrik betrat, führte man mich durch einen Park an den roten Backsteingiganten vorbei zu einem großen See, in dem gerade Kinder und Erwachsene planschten. Ich hatte keine Ahnung, was mich erwartete. Man wolle mir eine Erfindung vorstellen, hieß es. Ich kam an kleinen versteckten Obst-Gemüse-Kräuter-Oasen vorbei, die wie von Zauberhand bewässert wurden. Es ging um einen Smart Garden. Oben in einem Café auf der Dachterrasse der ehemaligen Mälzerei erklärte man mir das Konzept. Man konnte sich außerhalb Berlins eine Parzelle Land mit Gemüsebeeten pachten, die sich in Trockenzeiten von zu Hause aus bequem bewässern ließen. Einfach vom Computer aus, per Mausklick. Man erzählte mir, dass es in der Malzfabrik viele weitere Denkwerkstätten und Gründerlabore gäbe und die Kunst-, Kreativ- und Start-up-Szene Berlins an diesem Ort so ziemlich alles ausprobieren könnte, was Sinn oder einfach nur Freude macht.

Freizeitbecken

Die Dachterrasse der Malzfabrik, die auch als Location für Filme buchbar ist, wird auch als Sonnendeck bezeichnet. Kein Wunder, denn Sonne lässt sich hier gut tanken und die Aussicht von der Dachterrasse und ihrem Café ist wirklich atemberaubend. Da wäre zum einen die Nähe zum absoluten Hingucker des Geländes, den vier imposanten Darrschloten, die wie Schornsteine aussehen. Ich dachte zuerst, bei den drehbaren Metallhauben der Schlote handele es sich um eine Kunstinstallation. Bei den Führungen übers Gelände erfuhr ich dann, dass diese wie riesige Ritterhelme aussehenden Darrhauben früher eine wichtige Aufgabe bei der Malzproduktion hatten. Sobald sich die Windrichtung ändert, geraten die in der Sonne blitzenden metallenen Hauben in eine Drehung. Diese ständige Bewegung reguliert im Innenraum der beheizten Malzdarren den Luftzug und die feuchte Luft kann so nach außen entweichen.

Als Filmkulisse werden auch immer wieder der Park, die riesige Maschinenhalle und die Speicher gebucht. In den roten Klinkerbau sind mittlerweile fast hundert kreative Firmen eingezogen. Im künstlerischen, ökologischen und innovativen Experimentierfeld tummelt sich zum Beispiel eine soziale Initiative, die Kindern und Jugendlichen auf einer „Gemüse-Ackerdemie" gesunde Ernährung vermittelt.

Ein anderes Start-up, die 2021 mit dem Deutschen Nachhaltigkeitspreis ausgezeichnete ECF Farmsystems GmbH, betreibt auf dem Gelände eine der weltweit modernsten urbanen Aquaponik-Anlagen. Das ist ein Verfahren, das die Aufzucht von Fischen und die Kultivierung von Nutzpflanzen mittels Aqua-Hydrokultur verbindet. Wer möchte, kann als Resultat dieser überraschenden Allianz im Hofladen der Malzfabrik frisch gefangenen Hauptstadtbarsch und frisch geerntetes Basilikum erwerben.

Urbane Oase

Info

Lage: Bessemerstraße 2-14, 12103 Berlin

Anreise mit dem ÖPNV: Vom S-Bahnhof Südkreuz sind es zehn Fußminuten zum gut ausgeschilderten IKEA-Gelände und dann noch einmal fünf Minuten zur Malzfabrik.

Öffnungszeiten: Montag bis Freitag 7 bis 21 Uhr, Samstag 9:30 bis 15 Uhr, sonntags geschlossen

Eintritt: frei

Führungen: Zur Malzreise geht es auf eine spannende Entdeckungsreise quer durch die hundertjährige Geschichte bis zum heutigen Nutzungskonzept.

Website: *malzfabrik.de*

48 Kräuter und Kunst in der Königsheide

SPÄTH'SCHE BAUMSCHULEN

Die grüne Oase in Berlin-Treptow ist der ideale Ort, um zur Ruhe zu kommen. Man wandelt durch eine Sammlung exotischer Gehölze oder staunt sich durch den Skulpturengarten. Stärkung gibt's auch: im Hofcafé, dem Hofladen oder in der mobilen Mosterei.

IM SÜDEN BERLINS

Betritt man das Gelände der bereits 1720 gegründeten Späth'schen Baumschulen, sollte man sich erst einmal in aller Ruhe orientieren. Denn abseits des vordergründig Sichtbaren hat dieser Ort, der sich ganz und gar der Pflanzenwelt verschrieben hat, einige Überraschungen zu bieten. Beispielsweise das Arboretum der Humboldt-Universität, das sich linker Hand des mit Pflanzen bewachsenen Herrenhauses verbirgt. Hinter dem Tor öffnet sich ein 3,5 Hektar großer Park mit über 1200 verschiedenen wilden Gehölz- und 4000 Pflanzenarten. Nicht nur die zahlreichen Schmetterlinge lieben die Düfte über den Arznei- und Gewürzmittelbeeten. Der von Wasser- und Uferpflanzen wild umwachsene idyllische Teich ist für mich ein Highlight des Arboretums.

Das Verwaltungsgebäude

Verkaufsgarten

Die Späth'schen Baumschulen liegen nämlich in einem ehemaligen Sumpf- und Heideland, das leider kaum mehr ein Mensch in Berlin unter seinem schönen Namen Königsheide kennt. Der Teich und viele urwüchsige Bäume, die man sieht, sind ein Relikt der früheren Waldgebiete, die sich hier als Cöllnischen Heide ausgedehnt haben. An diese alte Zeit erinnert auch der älteste Baum des üppig-grünen Gartens, eine Mehlbeere. Sie trägt schon über 140 Jahresringe in ihrem Stamm.

Beim Café und der blauen Märchenhütte hat sich im Skulpturengarten der Künstler Franz Christanell seine eigene kleine Welt erschaffen. Seine Gartenkunst und alle hier gezeigten Fabelwesen sind aus dem gemacht, was der Künstler auf Brandenburger Bauernhöfen, Berliner Flohmärkten und auf Schrottplätzen findet. Alle Gartenkunstwerke sind aus Materialien der Natur oder aus vergessenen Werkzeugen des Handwerks und der Landwirtschaft hergestellt. Nicht nur Kinder können sich für die Drachen, Monster und Schimären aus Metall, Holz, Stein, Erde, Leder oder Keramik begeistern. Im Sommer lässt sich der Künstler auch gerne bei der Arbeit über die Schulter schauen.

Damit sich garantiert niemand verläuft, sagen einige Wegweiser auf dem großen Gelände, wo es langgehen könnte. In den Natursteingarten zum Beispiel oder in den Kräutergarten, in dem es neben Kunst und Krempel auch ein teuflisch-scharfes Kraut gibt, das sich Diabolo-Oregano nennt. Überall duftet es aromatisch nach Basilikum, Rosmarin, Salbei und Oregano. Dieser Duft verfolgt einen bis in den Hofladen, der jeden Freitag frisches Wildfleisch anbietet.

Vogel von Franz Christanell

Den Weg ins Hofcafé und ins riesige Gewächshaus findet man auch ohne Wegweiser. Im Jahr 2020 feierte die Späth'sche Baumschule ihre 300-Jahrfeier, und wie jedes Jahr zum Späthschen Frühlingsfest ist ein Besuch zu Ostern bei der traditionellen Eröffnung der Gartensaison oder Anfang Mai besonders lohnenswert. Dann verwandeln blühender Rhododendron, Tulpen, Osterglocken und Hyazinthen das Gelände in einen riesigen duftenden Paradiesgarten. Da ich als Autor dieses Buches von zu Hause aus mit dem Fahrrad in fünfzehn Minuten im Hofcafé bin, liegt mir diese Oase als Geheimtipp ganz besonders am Herzen. Doch obwohl ich die Pflanzen hier seit Jahren studiere, werde ich sie wohl niemals alle kennenlernen. Beispielsweise kam mir letztens ein unbekanntes Gartenjuwel vor die Nase, von dem ich noch nichts gehört hatte. Der Blütenduft des Sieben-Söhne-des-Himmels-Strauches ist unbeschreiblich. Man muss ihn selbst erleben.

Fabelwesen

Info

Lage: Späthstraße 80/81, 12437 Berlin

Anreise mit dem ÖPNV: Mit der S-Bahn bis S-Bahnhof „Baumschulenweg", dann mit dem Bus 170 und 265 bis zur Haltestelle Baumschulenstraße(/Königsheideweg: Mit der U-Bahn-Linie 7 bis „Blaschkoallee", danach Bus 170 bis Haltestelle Baumschulenstraße/Königsheideweg.

Öffnungszeiten: Montag bis Freitag 9 bis 18 Uhr, Samstag 9 bis 16 Uhr, Sonntag 10 bis 14 Uhr

Website: *spaethsche-baumschulen.de/auf-dem-spaeth-hof*

HINWEISE:

- Der Skulpturengarten mit Kunst für den Garten ist täglich zu den Geschäftszeiten der Späth'schen Baumschulen geöffnet. Der Künstler Franz Christanell ist meist anwesend.
- Das Späth-Arboretum ist Anfang April bis Ende Oktober Mittwoch, Donnerstag, Samstag, Sonntag und Feiertag von 10 bis 18 Uhr geöffnet, Eintritt 1 EUR, ermäßigt 50 Cent.

49 Das Geheimnis der Liebesinsel

BRITZER GARTEN

Der beste Ort in Berlin, um das Sonnenwendfest, das Herbstdrachenfest oder die Walpurgisnacht zu feiern, ist das Gelände der ehemaligen Bundesgartenschau. Hier befindet sich auch eine der letzten historischen Mühlen Berlins und die größte Sonnenuhr Europas.

IM SÜDEN BERLINS

Wer täglich, wie die Hauptstädter, aus mehreren Hundert Kulturangeboten wählen kann, der darf durchaus schon mal den Überblick verlieren. Das ehemalige BUGA-Gelände verknüpfen die meisten mit im Wind wogenden Blumenmeeren und üppiger Blütenpracht. Dabei

Narzissen

hat dieser Landschaftspark so viel mehr zu bieten: ein Feuerblumen-Festival, Klassik Open Air mit großem Feuerwerk und Jazz- und Klassik-Konzerte. Denn neben den zahlreichen Themengärten und den anderen gärtnerischen Attraktionen gehören gerade diese musikalischen Events zu den Highlights des Frühjahrs und Sommers in Berlin. Das liegt sicherlich an der prächtigen Naturkulisse. Die Zuhörer liegen an warmen Sommerabenden entspannt auf einer Wiese oder lassen die Beine ins kühlende Wasser baumeln, erholen sich am See oder machen es sich in einem Liegestuhl gemütlich, während sie den Jazz- oder Klassikklängen lauschen.

Urige Kühe

Caférestaurant am Schilfsee

Tagsüber einfach gemütlich beim Tulipan-Frühlingsfest durch Tausende von Tulpen schlendern, beim Fest der Zauberblüten im Mai und Juni den Rhododendronhain bestaunen, den Rosenzauber im großen Rosengarten im Sommer oder die große Show Dahlienfeuer im Herbst. Jeder der Parkbesucher hat seinen eigenen Favoriten oder Höhepunkt, was die zahlreichen Blumenfeste betrifft. Wo kann man sich sonst mit dem Picknickkorb im Sommer mitten in der Stadt an ein mit eingewachsenem Schilf bestandenes Ufer setzen? Denn im Zentrum des Britzer Gartens befindet sich ein großer See, der zwischen Hügeln und Wiesen eingebettet ist. Um diesen See gibt es ein kleines Geheimnis, das nur wenige kennen – seit eine der wichtigen Hinweistafeln am See verschwunden ist.

Die Rede ist von der schilfgesäumten Insel im See, die tatsächlich Liebesinsel heißt und an deren südlichem Ufer ein moosgrünes Steinhaus zu finden ist. In einer Wand dieses Hauses ist das sogenannte Seelenloch zu finden. Jeweils zur Wintersonnenwende, also genau am 21. Dezember jeden Jahres um 12 Uhr mittags, fällt ein Lichtstrahl durch dieses Loch und trifft auf einen Thron aus graugrünem Dolomitgestein, der sich an der Nordwand des Hauses befindet. Ein hübsches Kunstwerk, ein Lichtspiel, eines der vielen Geheimnisse des Britzer Gartens.

Von den Hügeln am See hat man einen weiten Blick. Man könnte durch eine schwungvoll gestaltete Heidelandschaft wandeln. Oder durch weite Wiesenräume. Dann käme man an rauschenden Wildbächen und großen Wildrindern vorbei. Oder an Kunst-Installationen, Blumenhainen, Lern- und Spielorten für Kinder, Tiergehegen und einem Modellboothafen. Der Wunder gibt es viele. An einer futuristisch anmutenden Brücke sieht man über einen See und erblickt eine Terrasse und ein Restaurant, dessen Dach aussieht wie ein prähistorisches Tier.

Lage:
Sangerhauser Weg 1, 12349 Berlin

Anreise mit dem ÖPNV: Eingänge Sangerhauser Weg und Tauernallee: U-Bahn-Linie 6 Alt-Mariendorf, Bus 179 bis Haltestelle Sangerhauser Weg. Eingang Mohriner Allee: U-Bahn-Linie 6 Alt-Mariendorf oder Bus 181 bis Haltestelle Rotkopfweg. Eingang Buckower Damm: S/U-Bahnhof Hermannstraße oder Bus M44 bis Haltestelle Britzer Garten. Eingang Massiner Weg: U-Bahn-Linie 7 Britz Süd, Bus 181 bis zur Haltestelle Im Rosengrund

Öffnungszeiten: täglich 7 Uhr bis zum Einbruch der Dunkelheit

Eintritt: Erwachsene 3 EUR, ermäßigt 1,50 EUR

Veranstaltungen: Am „Festplatz am See" finden das Sonnenwendfest, Herbstdrachenfest, Walpurgisnacht, St.-Martins-Umzüge und das „Feuerblumen und Klassik Open Air" mit großem Feuerwerk und Jazz- und Klassik-Konzerten statt. Beachtenswert ist die Tulpenschau „Tulipan", die jedes Jahr von April bis Mai mit Tulpen in allen Farben und Formen Besuchergruppen anlockt. In den folgenden Monaten ist die Blüte der Rhododendren. Die Dahlienschau „Dahlienfeuer" folgt jährlich im Herbst.

Website: *britzergarten.de*

50 Otto-Lilienthal Gedenkstätte

DER FLIEGEBERG

Der hauseigene Berg des Flugpioniers Otto Lilienthal ist ein wirklicher Geheimtipp. Tausende Mal diente ihm die Erhebung als Abflugrampe für die spektakulären ersten Gleitflüge der Menschheitsgeschichte. Dennoch kennt kaum jemand diesen ganz besonderen Ort im Südwesten der Stadt.

IM SÜDEN BERLINS

In Groß-Lichterfelde, das vor 150 Jahren noch nicht zu Berlin gehörte, wurde Fluggeschichte geschrieben. 600 Meter nördlich der heutigen Berliner Stadtgrenze befindet sich der Ort, an dem die Menschheit das Fliegen erlernte. Der Luftfahrtpionier Otto Lilienthal gilt nämlich als der erste Mensch, der nachweislich erfolgreiche Gleitflüge mit einem Flugapparat durchführte. Mit den ersten Fluggeräten experimentierte Lilienthal von verschiedenen Berliner Anhöhen aus. Er entschied sich dann aber, aufgrund der günstigen Windverhältnisse, für den Standort nahe einer Ziegelei in Lichterfelde. Im Gegensatz zu heute war die Gegend damals noch ein weites offenes Feld. Die ersten Erhebungen, die von Lilienthal selbst nach eigenen Entwürfen hier angelegt wurden, waren ursprünglich 15 Meter hoch und damit um ganze drei Meter höher als der heute hier zu sehende Fliegeberg. Nach dem Selbststudium zu den theoretischen Grundlagen des Fliegens folgten die oft schmerzhaften Selbstversuche mit selbst gebauten Gleitfliegern. Vom Fliegeberg aus führte er Tausende Gleitflüge durch, die ihn teilweise bis zu 80 Meter weit trugen.

Flugversuch – nachgestellte Szene

Der größte Erfolg all dieser Versuche war die Entwicklung einer funktionierenden Tragfläche. Der Physiker Hermann von Helmholtz hatte noch 1873 in einem Vortrag vor der Preußischen Akademie der Wissenschaft erklärt, dass es dem Menschen kaum möglich sei, durch einen flügelähnlichen Mechanismus sein eigenes Gewicht zum Fliegen zu bringen. Doch Otto Lilienthal ließ sich davon nicht abhalten. Gemeinsam mit seinem Bruder Gustav ließ er in Lichterfelde 1894 einen Hügel aufschütten, der eigentlich ursprünglich eine Abraumhalde war, und flog. Der Erfolg dieser Flüge erregte weltweites Aufsehen. Doch bereits zwei Jahre später kam Lilienthal bei einem Flugversuch in der Nähe von Rhinow ums Leben. Die Ziegelei wurde im Jahr darauf geschlossen, die auf dem Gelände liegende Tongrube füllte sich mit Wasser. Ab 1900 wurde das Gelände zum Park und das Gewässer als Karpfenteich genutzt. Bei einer Umgestaltung des Parks von 1928 bis 1933 ließen die Architekten den Berg roden und terrassenförmige Stufen anlegen.

In der heutigen Lilienthal-Gedenkstätte steigt man über diese Treppe ganz bequem auf den Hügel, der sich stolz Berg nennt,

Das Lilienthal-Becken

IM SÜDEN BERLINS

Die Weltkugel auf dem Gipfel

und kann dort den Blick und die Gedanken über den kleinen Park und das Gewässer schweifen lassen. Eine Säulenhalle auf dem Hügel erinnert an Otto Lilienthals Traum vom Fliegen. Die bronzene Erdkugel im Inneren ist eine Replik, da die ursprüngliche Kugel im Krieg eingeschmolzen wurde. Im Park findet einmal im Jahr das Fliegefest zu Ehren Lilienthals und seiner Pioniertat statt.

Lage: Scheelestraße, 12209 Berlin-Lichterfelde

Anreise mit dem ÖPNV: Mit der S-Bahnlinie Lichterfelde-Süd

Öffnungszeiten: Donnerstag, Freitag, Samstag 13 bis 18 Uhr

Website: *visitberlin.de/fliegeberg*

Das kleine Wörterbuch

FÜR BERLIN

A

Abjehalftat – heruntergekommen
Atze – Bruder, Freunde
Ausklamüsan – ausdenken
Auwacka – auweia

B

Baff – erstaunt sein
Been, Beene – Bein, Beine
Blubberkopp – jemand, der viel spricht
Bredullje – in Schwierigkeiten
Bulette – Frikadelle

C

Castingallee – Kastanienallee (Prenzlauer Berg)
Clou – das Beste

D

Dalli – schnell
Deez – Kopf
Destille – Kneipe
Dufte – total super

E

Etepetete – vornehm tun, fein
Eus – Euros

F

Falscher Fuffziger – verlogene Person
Fatzke – arroganter Mensch
Feez – Vergnügen
Fischköppe – Norddeutsche
Flitzpiepe – nicht ernst zu nehmender Mensch
Flosse – Hand
Fritze – Verkäufer
Fuffi – Fünfziger
Fußhupe – kleiner Hund

G

Glatzenschneida – Friseur
Groschen – 10 Eurocent

H

Heckmeck – Durcheinander
Hohnschöngrünkohl – Hohenschönhausen (Stadtteil)

Hungerharke – Luftbrückendenkmal (Tempelhof), großer dünner Mensch
Husche – kurzer Regenschauer

I

Ick, icke – ich
Ietze – Idee
Intus – etwas zu sich nehmen, essen

J

J. w. d. – janz weit draußen
Japsen – schwer atmen
Jebongt – abgemacht
Jelackmeiat – hereingelegt
Jeschmadder – etwas Unsauberes
Jesundstoßen – sich bereichern
Jewese – Getue
Jöre – freches Mädchen
Jrünau – Grünau (Stadtteil), aber auch Bestätigung (Wortspiel mit „genau")
Jummiadler – Hähnchen

K

Kaschemme – Kneipe
Kiekn - schauen
Kiemen – der Mund
Kiez – Wohnviertel, Stadtteil
Klamotte – Kleidung, alter Film
Kleen – klein
Klitsche – kleiner Ort auf dem Land, kleine Firma
Knorke – großartig, klasse
Knülle sein – kaputt sein, kraftlos
Koofen – kaufen

L

Labberig – sehr weich
Labertasche – jemand, der viel redet
Lackaffe – Schnösel
Laubenpieper – Kleingärtner
Loofen – laufen
Lulatsch – großer Mensch

M

Mampfen – essen
Mumpitz – Blödsinn

N

Neese – Nase
Nölen – meckern
Nüscht – nichts

Omme – Kopf

Paletti – in Ordnung
Pampich – frech
Pappe – Führerschein
Peesen – schnell unterwegs sein
Pennen – schlafen
Penunse – Geld
Picheln – viel trinken, saufen
Pilzsuppe – ein Pils
Pimpalinge – Kleingeld
Pimpan – Geschlechtsverkehr haben
Pinkel – arroganter Mensch
Plauze – Bauch
Pulle – Flasche

Quadratlatschen – große Füße
Qualmtüte – Zigarette
Quanten – Füße

Rammdösisch – dumm
Reitstall – sehr großes Zimmer
Remmidemmi – lautes Fest, Krach
Rentnerporsche – Einkaufstrolley
Rinbuttan – investieren
Rotzbremse – Oberlippenbart

Sauastoffzelt – O2-Arena
Saftladen – Geschäft
Schmackes – mit Nachdruck, Mut
Schnabulieren – mit Freude essen
Schnieke – fein
Schnuppe – egal
Schrippe – Brötchen
Schweineöde – der Berliner Stadtteil Oberschöneweide wurde im 19. Jahrhundert auf der schönen Weide an der Spree gegründet. Doch nachdem am Spreeufer die Fabriken der AEG errichtet worden waren, etablierte sich im Volksmund der wenig schmeichelhafte Name Schweineöde.
Schwoofen – tanzen
Sechser – 5-Cent-Stück
Späti – Spätverkauf

T

Tankstelle – Kneipe

U

Uffjetakelt – auffällig gekleidet

V

Vaduft′n – verschwinden
Vahökan – verkaufen
Vajisset – Lass mich in Ruhe
Vaklickan – jemandem etwas beibringen

W

Wa? – Nicht wahr? (am Satzende)
Wampe – Bauch
Waschmaschine – Bundeskanzleramt
Waschtach – krankfeiern, blau machen
Wonneproppen – hübsches dickes Kind

Z

Zaster – Geld
Zerquetschte – Kleingeld

Register

A

Abhöranlage	11, 34 ff.
Alte Liebe	62 ff.
Alte Pumpe	126 ff.
Altstadt Spandau	43
Ampelturm	21
Andersen, Hans Christian	170
Aquarium	70 ff.
Auenlandschaft	40

B

Babylon Berlin	142 f.
Bar jeder Vernunft	90
Behnitz	54 ff.
Bergmann-Friedhöfe	82 ff.
Bergmannstraße	82 ff.
Berliner Mauer	16, 20, 88
Berliner Philharmoniker	15
Berliner Stadtschloss	15
Bernhardt, Sarah	111
Biber	40, 186 ff.
Biergarten	42 ff., 57, 101, 165, 175, 220
Biotop	32
Blaschkoallee	214 ff., 223 ff.
Bockwindmühle Marzahn	182 ff.
Bode-Museum	19
Bowie, David	4
Brandenburger Tor	14, 18, 100
Brauhaus Spandau	42 ff.
Britz	218 ff., 222 ff., 238 ff.
Britzer Garten	238 ff.
Britzer Schloss	218 ff.
Brückenechsen	72 f.
Buddhistische Haus	146 ff.
Buletten	137

C

Café Olé	228
Café Rix	102 ff.
Caven, Ingrid	113
Charlottenburg	19, 30 ff., 78 ff., 114 ff.
Christanell, Franz	234 ff.
Clärchens Ballhaus	134 f.
Comenius, Johann Amos	106 ff.
Comeniuspark	103, 106 ff.
Currywurst	22, 129

D

Dachterrasse	20, 230 ff.
Dahlke, Paul	148 ff.
Dahme	11
DDR	79, 135 f., 144, 167, 170, 183, 190
De Maufel	114 ff.
Deutscher Dom	16
Dicke Marie	150 ff.
Dietrich, Marlene	90, 227
Dong Xuan Center	166 ff.

E

East Side Gallery	16
Eisenman, Peter	18
Eiszeitsee	224 f.
Erpe	11, 186 ff.
Erpetalwiesen	186 ff.
Europa-Center	20

F

Fähre	154 ff., 162 ff., 175
Fennpfuhl-Park	224 f.
Fernsehturm	20, 179
Feuchtwiesen	39 f.

Feuerwerk	181, 239, 241
Fischerdorf Pichelsberg	39
Fischerdorf Rahnsdorf	164 f., 174 ff, 193
FIT freie internationale tankstelle	74 ff.
FKK-Bereich	12, 31
Fledermäuse	49, 58 ff.
Fliegeberg	242 ff.
Flusskrebse	186
Fort Hahneberg	46 ff.
Französischer Dom	16
Friedrichstraße	90 ff.
Frohnau	146 ff.
Fromm, Julius	21
Frühlingsfest	236, 240
Futurium	5, 94 ff.

G

Gärten der Welt	178 ff.
Gartenstadt	146 ff.
Gendarmenmarkt	16
Ginkobaum	218 ff.
Gleitschirmflieger	35
Goldene Zwanziger	103, 142 ff., 226 ff.
Golgatha	101
Graffiti	36 f., 115 ff.
Graureiher	163
Grunewald	11, 30 ff., 50 ff.
Gutshof Britz	218 ff.

H

Haag, Romy	4, 113
Haake, Harald	80
Hackesche Höfe	119
Hafen Tempelhof	210
Haus Schwarzenberg	118 ff.
Havel	11, 39, 58, 63
Heckmann-Höfe	122 ff.
Heerstraße	39 ff., 46 ff.
Heideland	235
Heidemühle	189
Heimathafen	105
Heller, André	92
Highsmith, Patricia	4
Hindutempel Murugan	222 ff.
Hirschgarten	187 ff.
Hofladen	209, 233 ff.
Holocaust-Mahnmal	18
Honecker, Erich	17
Hoppegarten	187, 189

I

Insel Behnitz	54 ff.
Insel Müggelwerder	163
Insel Reiswerder	154 ff.

J

Jagdschloss Grunewald	11
Japanischer Garten	180
Jazz	15, 208, 239
Juliusturm	58 ff.
Juppy	229

K

Käthe-Kollwitz-Museum	78 ff.
Karneval der Kulturen	13, 23, 227
Kennedy, John F.	22
Kienbergpark	179
Klein-Venedig	39
Klemke, Werner	170 ff.
Klunkerkranich	20
Knef, Hildegard	4, 110 ff.
Koch, René	110 ff.
Kolk	43, 54 ff.
Kollwitz, Käthe	78 ff.
Kollwitzplatz	79
Königsheide	234 ff.
Köpenick	4, 197 ff.
Körnerpark	103, 106 ff.
Kulturscheune	206 ff.

Kurfürst Friedrich II. 15

L

Landschaftsschutzgebiet	38 ff., 62 ff. 188
Landwehrkanal	127
Lang, Fritz	227
Laubenkolonie	63, 156 f.
Lehrkabinett Teufelssee	194 ff.
Leierkasten	87
Lemper, Ute	90 ff., 113
Liebesinsel	238 ff.
Lilienthal, Otto	242 ff.
Lindenberg, Udo	4
Lippenstiftmuseum	110 ff.
Liquidrom	130 ff.

M

Malzfabrik	230 ff.
Marzahn-Hellersdorf	182 ff.
Mateur, Anna	90
Mauerfall	4, 14, 16, 227
Mercury, Freddie	4
Milchmädchen	22, 218 ff.
Minelli, Liza	110, 113
Monet, Claude	19
Motorikpark	214 ff.
Müggelberge	195 ff.
Müggelsee	4, 162 ff., 174 ff., 187, 191
Müggelspree	164, 175, 191
Müggelwerder	163
Mühlenhaupt, Kurt	86 ff.
Museum Neukölln	220
Museumsinsel	19
Mutter Fourage	206 ff.

N

Napoleon	61, 99
Naturlehrpfad	189
Naturpark	83, 186 ff.
Naturschutzgebiet	31, 156, 186 ff.
Neues Museum	19
Neukölln	102 ff., 109 ff., 214 ff., 218 ff.
Neuköllner Oper	103
Neu-Venedig	190 ff.
Night Food Market	77
Nofretete	19

O

Oberbaumbrücke	4, 17
Ökowerk	32, 50 ff.
Open-Air	124, 181
Orangerie	106 ff.

P

Paddeltour	39
Panke	11
Pergamonmuseum	19
Pfaueninsel	19, 208
Pichelsberg	39
Pitt, Brad	48, 136
Prenzlauer Berg	4, 21, 74 ff.

Q

Quadriga	14, 100
Quallen	70 ff.

R

Raabe, Max	92
Ravensteiner Mühle	189
Rebstöcke	99, 216
Reichstag	4, 13, 18, 23
Reiswerder	154 ff.
Renaissancegarten	179
Renoir, Auguste	19
Reutter, Otto	92
Rhododendron	236, 240 f.
Rialtoring	191, 193
Riffhaie	72
Rixdorf	103 ff., 108

Röhricht	40
Rolling Stones	4

S

Saalbauten	102 ff.
Sander, Otto	5
Schaubühne	90
Scheunenviertel	118 ff.
Schilf	13, 40, 163, 240
Schinkel, Karl Friedrich	16, 56, 99
Schloss Britz	219 ff.
Schloss Charlottenburg	19
Schmetterlinge	235
Schöneberg	5, 212, 230 ff.
Schwebebahn	210, 213
Sechserbrücke	17, 150 ff.
Seilbahn	178 ff.
Siemens	127
Sokolow, Pawel P.	219
Spandau	39, 42 ff., 54 ff., 58 ff. 121
Späth'sche Baumschulen	234 ff.
Spree	11, 17, 19, 125
Street-Art	36 f., 118 ff.
Stummfilmkino	143
Südgelände	202 ff.

T

Tango	135
Tarantino, Quentin	49, 136
Tegeler Fließ	150 ff.
Teltowkanal	210, 213
Tempodrom	131
Teufelsberg	11, 34 ff.
Teufelsfenn	32
Teufelsmoor	195
Teufelssee (Ost)	194 ff.
Teufelssee (West)	30 ff., 50 ff.
Thalbach, Katharina	87
Thamm, Andreas	165, 174 ff.
Theater im Delphi	142 ff.

Tiefwerder Wiesen	38 ff.
Trödelmarkt	229
Tykwer, Tom	143

U

ufaFabrik	226 ff.
Urlandschaft	194 ff.

V

Varietébühne	90 ff.
Viktoriapark	98 ff.
Von Humboldt, Alexander	15, 152
Von Humboldt, Wilhelm	15, 152

W

Waldoff, Claire	92
Waldschänke am Stößensee	41, 65
Waltz, Christoph	48, 136
Wasserbüffel	5, 38 ff., 187
Wasserschwertlilien	40
Weidt, Otto	120 f.
Weinberge, Weinanbau	35, 85, 99, 216
Weißensee	142 ff., 170 ff.
Weltzeituhr	4
Werner-Klemke-Park	170 ff.
Wildbienen	85
Wildnis	13, 50 ff, 186 ff.
Wildschweine	32 ff., 52
Wintergarten	90 ff.
Wolfsschlucht	100
Wuhle	11

Z

Zander	137, 177
Zende, Dida	74 ff.
Zitadelle Spandau	58 ff.

360°

In der Reihe sind unter anderem erschienen:

Bernadette Olderdissen
ISBN 978-3-96855-071-8

Stephanie von Aretin
ISBN 978-3-96855-078-7

Anke Fietzek
ISBN 978-3-96855-075-6

Nadine Taylor
ISBN 978-3-96855-077-0

HEIMAT**MOMENTE**

HEIMAT**MOMENTE** legt den Fokus auf unvergessliche Momente und spannende Mikroabenteuer. Freuen Sie sich auf Tipps zu ausgefallenen und erlebnisreichen Ausflügen, kulinarischen Highlights sowie einzigartigen Kultstätten und anderen Kuriositäten.

**Preis
je 14,95 €**

Jenny Menzel
ISBN 978-3-96855-074-9

Mehr Infos unter
360grad-medienshop.de/heimatmomente

Versandkostenfreie Lieferung innerhalb Deutschlands

Bildnachweis: Alle Bilder von Joscha Remus, außer: Aquarium Berlin S. 70, 71o, 71M, 71u, 72o, 72M, 72u, 73 | Benjamin Düntsch S. 93 | Carolin Saage S. 92 | Clärchens Ballhaus S. 135o, 135u, 136, 137 | David von Becker S. 94, 95, 96, 97 | de Maufel S. 115, 116o, 116u, 117 | Dida Zende S. 75 | Die offene Blende S. 126, 127, 128, 129 | Dieter Stadler S. 111o, 111u, 112o, 112M, 112u, 113 | Dietmar Nill S. 59u, 61 | Fort Hahneberg S. 46, 47, 48 | Frank Fechtel S. 34, 35o, 36 | Frieder Salm S. 104/105, 104u | Heribert von Reiche, Hofcafé S. 207o, 207u, 208, 209 | Jan Becke Coverbild | Käthe-Kollwitz-Museum Berlin S. 78 | Käthe-Kollwitz-Museum Berlin, Foto: Kienzle/Oberhammer S. 79o, 79u, 80o, 80u, 81 | KMM S. 87o, 88, 89o, 89u | Liquidrom S. 130, 131o, 131u, 132, 133 | LR German Aerospace Center cc by 2.0 S. 243 | Manfred Herz S. 150, 15u, 16, 17o, 17u, 18o, 18u, 19u, 23u, 54, 57, 83o, 83M, 83u, 84o, 179 | Manu cc by-sa 2.0 S. 9 | Maps4news S. 24, 25, 29, 69, 141, 161, 201 | Martin Düspohl S. 100o, 100u, 101 | Matthias Friel S. 231, 232 | Max Maulwurf S. 91 | Museum Neukölln / Friedhelm Hoffmann S. 220u | Nils Krueger S. 233 | Ökowerk Berlin S. 51 | Per Aspera e.V. S. 144, 145 | Peter Gesierich S. 143 | Roland Dens S. 50, 52o, 52u | Rolando Laube S. 13, 14 | Sabri Patzelt S. 103